易中天中华史

The History of China / 12

南朝，北朝

易中天 著

浙江文艺出版社
Zhejiang Literature & Art Publishing House

果麦文化 出品

目录
Contents

第四章 / **宗教问题**

第五章 / **再造新文明**

后记 / **一国两朝，南方北方**

第一章

大换血

短时间实现了中国北方大统一的苻坚，
最后却败于淝水死于非命。
也许，他的英雄事业和传奇故事只是
要为一个时代揭开帷幕，
那就是半个世纪后的南北朝。

上帝之鞭

五胡十六国终结，南北朝开始那年（439），有一群“野蛮人”在迦太基的故址上建立了他们的王国。这些原本居住在西班牙的汪达尔人（Vandals）是渡过直布罗陀海峡来到北非的。经过十年的征战，他们夺得罗马帝国阿非利加行省的大部，并有了自己的国家。[1]

与此同时，中国的北凉被灭。

建都姑臧（今甘肃武威）的北凉是十六国中最后一个灭亡的，汪达尔人却不是建立王国的第一个蛮族。此前此后，中华和罗马都有许多险象环生的故事上演。因此这一年虽然意义重大，却既不是结束，也不是开始。

事实上，十六年后（455），汪达尔人又杀回欧洲。他们挨家挨户抢劫了西西里和撒丁岛的居民，然后在6月2日到16

日的两个星期内，有条不紊地将罗马城洗劫一空，就连朱庇特神殿屋顶上的镀金铜瓦都被装船运走。

这是罗马的浩劫，却不是第一次。

第一次是在公元410年，也就是东晋灭亡十年前，劫匪则是西哥特人（Visigoths）。他们在罗马城内逛街似的洗劫了三到五天，然后南下而去。超载的货车和不尽的人流挤满了阿皮亚大道，其中甚至还有罗马皇帝的妹妹。

八百年不曾陷落的世界之都和永恒之城罗马，就这样被蛮族变成了随时都可以破门而入的库房，或牧场上待宰的羔羊，一如中国西晋时胡人眼里的长安和洛阳。

文明古国，似乎总是对付不了蛮族。

的确，对于罗马帝国而言，西哥特和汪达尔就是他们的胡人，只不过不叫胡或蛮夷，叫日耳曼（Germanic）。这是恺撒时代就已经有了的称谓（最早见于恺撒的《高卢战记》），尽管没有哪一种日耳曼人会这样称呼自己，正如中国的匈奴和羯不会管自己叫胡人。

实际上“日耳曼”跟“胡”一样也是统称，包括了许多被罗马视为蛮人的族群，比如汪达尔人、西哥特人、东哥特人（Ostrogoths）、勃艮第人（Burgundians）、法兰克人（Franks）、盎格鲁人（Angles）、撒克逊人（Saxons）、朱特人（Jutes）、伦巴德人（Lombards），等等。

◎朱庇特神庙遗迹

朱庇特神庙位于罗马的卡比托利欧山，是古罗马最伟大的宗教庙宇。

当时的罗马帝国就处在这些蛮族的包围之中。他们不但潮水般地涌了进来，还纷纷建立起自己的王国：西哥特（419），汪达尔（439），勃艮第（457），法兰克（486）和东哥特（493），刚好也是五个，罗马则失去了帝国的一个又一个行省。这跟我们的五胡十六国又有什么两样？

岂止相似，可能还有关联。关联就在匈奴人（Huns）。

事实上日耳曼蛮族入侵罗马帝国，是被匈奴人用鞭子驱赶着的。不能确切地证明后者就是原先居住在中国的北匈奴，但似乎可以肯定，这是一些乌拉尔—阿尔泰系的游牧民族，长期在漫无边际的中亚大草原漂移，并通过一次又一次的征战和迁徙把自己变成了锐不可当的力量。

作为蛮族中的蛮族，匈奴让蛮横的日耳曼人都谈虎色变闻风丧胆，更不用说罗马人了。公元374年，也就是第一次罗马浩劫的三十六年前，这个马背上的民族越过伏尔加河，征服了顿河流域和黑海北岸的奄蔡人（Alans）以及东哥特人，逼得日耳曼蛮族狼奔豕突。

欧洲的民族大迁徙，从此开始。

首先逃进罗马境内的是西哥特人。他们在匈奴人越过伏尔加河的两年后，由于被追杀而渡过了多瑙河。这当然得到了罗马皇帝的批准，但付出的代价却很惨重：交出自己的武器，在罗马人的统治下过着牛马不如的生活。他们只能吃腐烂的食物，并被罗马官员任意屠戮。

这是让任何民族都无法忍受的。于是，不堪压迫和羞辱的西哥特人掀起了大暴动。他们像闪电划过山顶一样对罗马人发动了进攻，极其愤怒地扫荡了色雷斯（今保加利亚一带），并让御驾亲征的罗马皇帝瓦伦斯兵败身亡。

再过三十二年，他们制造了第一次罗马浩劫。

西哥特人因祸得福。洗劫罗马城九年后，他们在高卢南部建立了自己的王国。其他日耳曼蛮族为了躲避匈奴人的兵锋，也前赴后继地占领罗马帝国的地盘：西班牙、阿非利加、科西嘉和撒丁岛、高卢、不列颠等等，可怜兮兮的西罗马皇帝则成了日耳曼雇佣军手中的傀儡。

最后，日耳曼雇佣军的将领干脆废掉了西罗马帝国的末代皇帝罗慕路斯·奥古斯都。西罗马帝国灭亡，只剩下东罗马帝国，正如中国的西晋灭亡，只剩下东晋。

西罗马帝国灭亡是在公元476年，但此前罗马的日子就已经很不好过。除了日耳曼蛮族的践踏和蹂躏，匈奴人也没有放过他们，尤其是在公元434年以后。因为在这一年，匈奴有了让所有人都感到恐惧的领袖和统帅。[2]

这个人的名字叫阿提拉（Attila）。

他还有一个绰号：上帝之鞭。

阿提拉的事迹现在是只能看作传奇了。据说，他身材

◎蛮族入侵下的罗马帝国

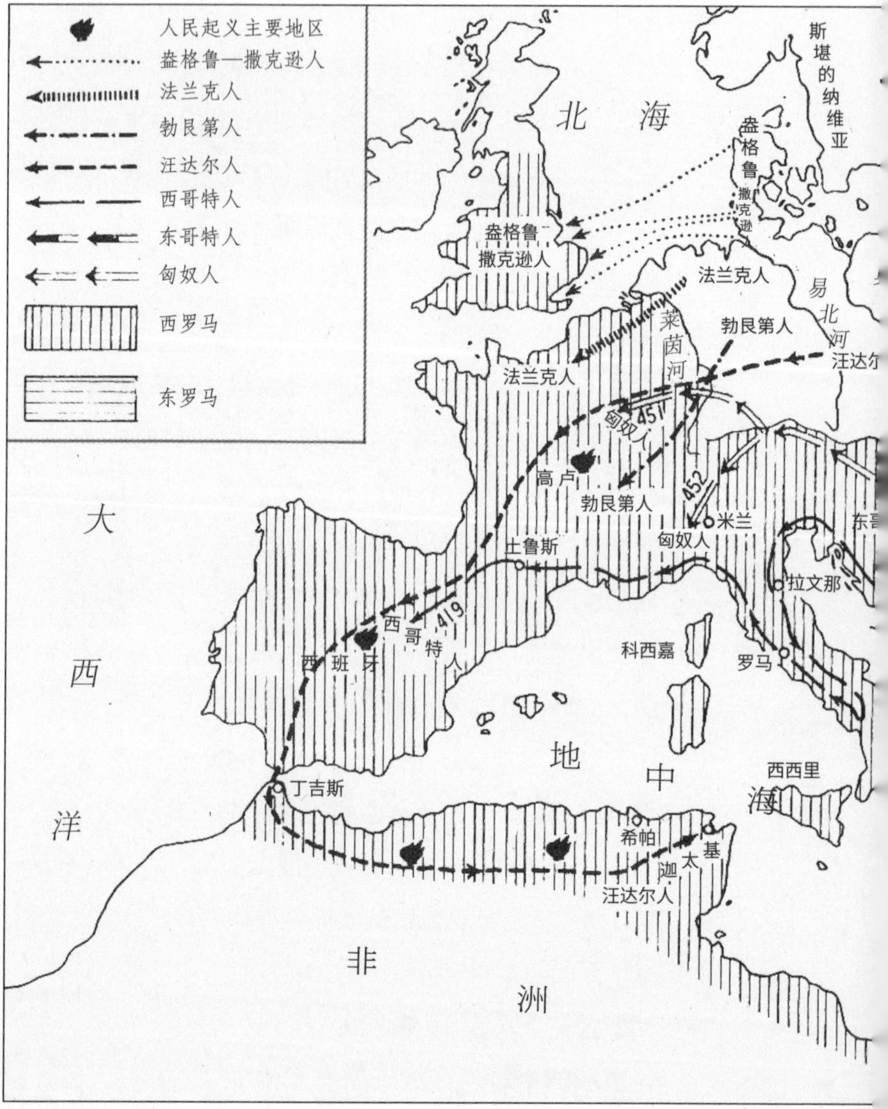

人民起义主要地区
盎格鲁—撒克逊人
法兰克人
勃艮第人
汪达尔人
西哥特人
东哥特人
匈奴人
西罗马
东罗马
北海
斯堪的纳维亚
盎格鲁撒克逊
盎格鲁撒克逊人
法兰克人
易北河
莱茵河
勃艮第人
汪达尔
法兰克人
匈奴人 451
高卢
勃艮第人
452
米兰
匈奴人
土鲁斯
拉文那
419
西哥特人
西班牙
科西嘉
罗马
大西洋
地中海
西西里
丁吉斯
希帕
迦太基
汪达尔人
非洲

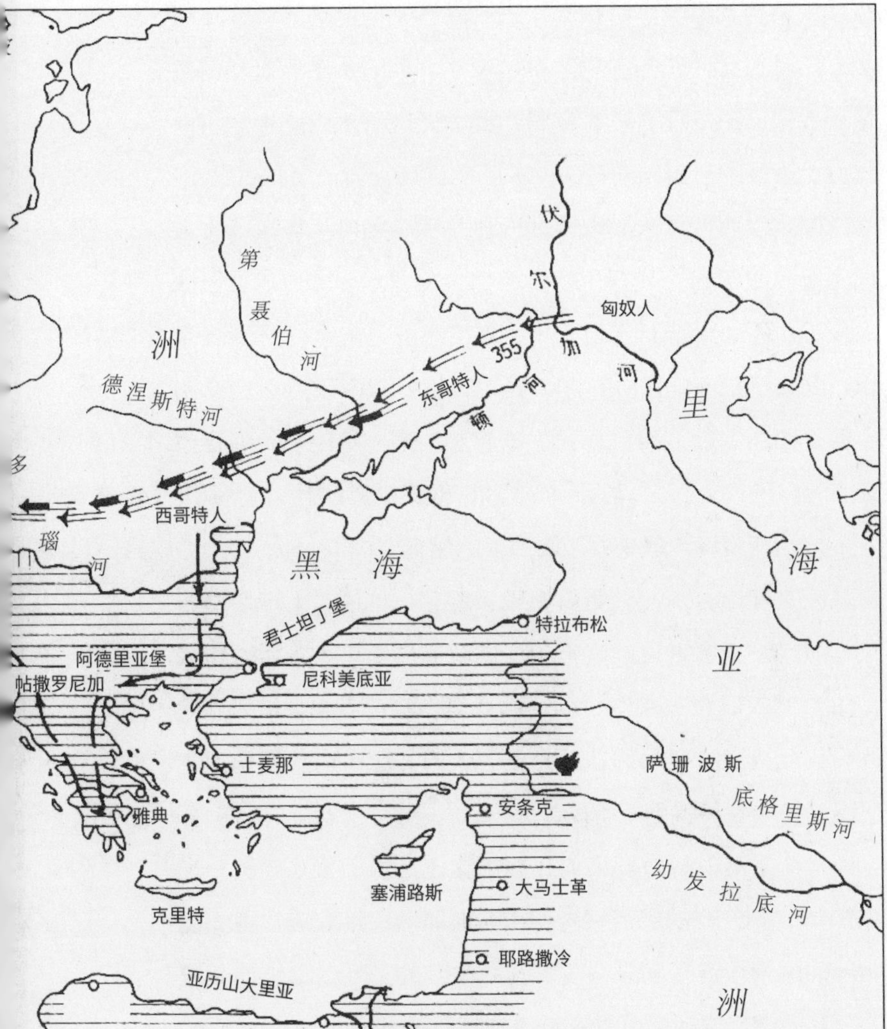

伏
尔
加
河
匈奴人
355
第
聂
伯
河
洲
德涅斯特河
东哥特人
顿
河
里
海
多
瑙
河
西哥特人
黑海
君士坦丁堡
特拉布松
阿德里亚堡
帖撒罗尼加
尼科美底亚
亚
士麦那
萨珊波斯
底格里斯河
雅典
安条克
幼发拉底河
塞浦路斯
大马士革
克里特
耶路撒冷
亚历山大里亚
洲
尼罗河

矮胖，肩膀宽厚，鼻子扁平，一双冷酷无情的黑眼睛深不可测，只有在看儿子的时候才露出温柔。他的生活则俭朴得像普通牧民：住在简陋的木屋里，用木杯饮酒木盘吃饭，可以称得上奢侈的只有一间石头砌成的洗澡房。

但是没有任何人胆敢因此而怠慢他，因为阿提拉的力量大到足以毁灭整个罗马世界。事实上早在公元443年，他就入侵巴尔干，兵进君士坦丁堡，逼得东罗马皇帝纳贡割地求和。到公元450年，他的胃口更大，竟要求西罗马皇帝拿出半壁江山作为他迎娶罗马公主的嫁妆。遭到拒绝后，阿提拉毫不客气地闯入西罗马，横扫欧洲直抵奥尔良城。

东西两罗马，都变成了匈奴人的屠场。

没有什么打击比这更具有毁灭性了。据说，上帝之鞭扫过的城市不再听得见鸡鸣狗吠。这就逼得罗马人跟西哥特人和法兰克人联合起来对付他，由此爆发了公元451年的沙隆战役。此战双方投入的总兵力各五十万，想不两败俱伤都不可能，挽救罗马就更不可能。

幸免于难的只有罗马城，据说这还是由于教皇利奥一世（Pope Leo I）的苦苦哀求和重金贿赂。已经寇略了意大利北部的阿提拉退了回去，留下一片破碎的山河以供被他驱赶的日耳曼蛮族与罗马人共享或争夺。

这就是公元439年前后东西两个半球的天下大势：中国在

◎欧洲民族大迁徙年表

时间（公元）	事件
374	匈奴人越过伏尔加河，引起欧洲民族大迁徙
376	西哥特人渡过多瑙河
378	镇压西哥特人的罗马皇帝瓦伦斯兵败被杀
400	盎格鲁人、撒克逊人和朱特人入侵不列颠
410	西哥特人攻陷罗马
419	西哥特王国建立
420	法兰克人定居高卢，勃艮第人定居罗纳河流域
429	汪达尔人进入北非
439	汪达尔王国建立
443	阿提拉兵进君士坦丁堡
450	阿提拉入侵高卢，抵奥尔良城
451	匈奴与罗马和日耳曼联军激战于沙隆
453	阿提拉卒，匈奴帝国瓦解
455	汪达尔人攻陷罗马城
476	西罗马帝国灭亡
486	法兰克王国建立
493	东哥特王国建立

走向统一，先是由胡人统一北方，然后由汉胡混血的隋唐统一全中国。罗马却在走向崩溃，替代统一大帝国的将是林立的小王国。它们都是日耳曼蛮族建立的，加快这个进程的则是亚细亚蛮族，是上帝之鞭阿提拉。

不过，上帝终于还是收回了他的鞭子。在与最后一位新娘进行了剧烈运动后，阿提拉暴毙在婚床上。死因可能是血管破裂导致的大出血，时间在公元453年。[3]

这一年，中国南朝刘宋的皇帝和太子双双被杀。皇帝是被太子杀的，太子则死在一位王爷的刀下。这位王爷自己当了皇帝，继承他皇位的人则将被另一位王爷杀掉。

两年后，汪达尔人洗劫了罗马城。

没有了阿提拉的匈奴人很快就从历史上消失了。他们融解在当地居民中，慢慢从蒙古利亚人变成了雅利安人。这个民族并非如人们想象的那样，直接成为今天匈牙利人的祖先，尽管他们也许在那里留下了不少后裔。

那么，中国的匈奴又如何？

◎匈奴王阿提拉之死

阿提拉(406-453)死后,帝国很快分裂,但他的生平被演绎成各种传奇故事。德国史诗《尼伯龙根之歌》中的匈奴国王Etzel就是以阿提拉为原型的。

匈奴继承大汉

阿提拉的祖辈们越过伏尔加河的时候，中国的匈奴人已经演完了自己最后一场大戏。没有证据证明他们是同一个民族，更没有材料显示他们之间有过联系，尽管西方史学家通常都将中国的匈奴人和阿提拉的同胞称为Huns，也尽管他们跟突厥和鞑靼一样都是蒙古利亚人。[4]

然而这两种Huns却不可同日而语。

区别是明显的。至少，阿提拉并不在乎罗马文明，中国匈奴人——准确地说是迁徙到内地的南匈奴，却对汉文明充满了敬意和向往。这种区别甚至表现于他们对双方通婚的态度：阿提拉把收编罗马和日耳曼姑娘看作对方纳贡的一种形式，中国南匈奴的看法则相反。

这里面的消息意味深长。

事实上，早在阿提拉把最后那位日耳曼公主抱上婚床的四百八十三年前，中国匈奴的呼韩邪单于就迎娶了汉宫的宫女王昭君。这样的联姻当然并非首次，第一次是刘邦将宗室女作为公主嫁给冒顿单于，之后的惠、文、景、武也纷纷效仿。目的则很明确：以女人换和平。

但这毫不妨碍南匈奴把自己看作大汉皇帝的外孙，如果他们想要这样的话。实际上在曹操执政的晚期，南匈奴的酋长就已经改姓为刘。他们的说法是：既然冒顿单于是高皇帝的女婿，我等当然可以使用外祖父的姓氏。

这可是汉高祖始料未及的。

刘邦当然也不会想到，五百年后，匈奴会宣称自己才是大汉王朝的合法继承人。公元304年，也就是西晋的太安三年，一位匈奴酋长在左国城（今山西离石）宣布自己是历史上第三位汉王。四年后（308）他迁都平阳（今山西临汾），又宣布自己是新的大汉皇帝。[5]

说这话的人叫刘渊。

刘渊本是汉化的匈奴。作为曹操任命的匈奴左部帅之子，他从小生活在洛阳宫中，饱读诗书文武双全，深受司马昭的赏识和名士们的赞扬。刘渊自己也胸怀大志。称王之时，有人提出要复兴呼韩邪单于旧业，刘渊却说：要做就做汉高祖、魏武帝，呼韩邪有什么好学的！

呵呵，好大的口气！

不过刘渊等人毕竟是汉化的匈奴，深知名正言顺的重要性，而上天也给足了他们机会。当时正值八王之乱，司马皇族内讧频起，骨肉相残。在刘渊集团看来，这就雄辩地证明天命不在晋，而在汉。汉人既然不能兴复汉室，那就交给他们的弟弟好了。兄终弟及，天经地义。

于是刘渊集团宣布，作为汉高祖的外孙和汉皇帝的表兄弟，匈奴有权合法地接管大汉政权，尽管这个政权即便从刘禅亡国算起，也已经中断了四十年。

剩下的事情便只是安排好演出。高皇帝刘邦、光武帝刘秀、昭烈帝刘备被尊为三祖，文帝刘恒、武帝刘彻、宣帝刘询、明帝刘庄、章帝刘炟（读如达）被尊为五宗。被魏和晋篡灭的汉，在匈奴的蒙古包里神奇地复活。

那么，这是汉文明的复活节吗？

当然不是。

事实上刘渊的理想是匈奴人做天子。对此，他其实说得很明白：夏大禹和周文王都是夷狄，谁当帝王难道有什么一定之规？国号叫汉，只不过汉有号召力。[6]

他这是借壳上市。

可惜汉匈之间的矛盾由来已久，并非自称高皇帝外孙就可以化解的。晋武帝时，有人建议重用刘渊，反对派的说法便是“非我族类，其心必异”。后来刘渊称王，拥立派的说法则是“晋为无道，奴隶御我”。一个怨恨对方的种族歧视，另一个则时时怀有戒心，他们并不和谐。[7]

看来，即便是改姓为刘，匈奴在汉人眼里也仍然是胡人。因此刘渊的侄儿兼养子刘曜当了皇帝以后，便干脆撕下了假面具，改国号为赵，史称前赵。他也不再祭祀刘邦等人，而是以冒顿单于配皇天，高祖刘渊配上帝。[8]

不过刘曜已是“汉一前赵”的末代皇帝，成就帝业则是在刘聪时代，尽管刘曜也功不可没。刘聪是刘渊的第四个儿子，也在西晋的首都洛阳长大，小小年纪便成为闻名京城的书法家、汉学家和汉语作家，堪称冠绝一时。

刘聪，岂非更是汉化的胡人？

然而刘聪身上流淌的却是匈奴的血。他身材高大膂力过人，能拉三百斤的弓，绝非西晋那些文弱书生可比。因此他不但在受到威胁时毫不犹豫地夺取了皇位，也把西晋最后两个皇帝和他们的王朝都送上了断头台。

两位晋帝都是被刘曜俘虏的，一个在洛阳（311），一个在长安（316）。他们被刘聪杀掉时，一个三十岁（晋怀帝），一个十九岁（晋愍帝）。死前，他们都充当了刘聪的酒吧服务生，倒酒，洗杯子，晋愍帝还被叫到厕所里为刘聪翻马桶盖，随行的晋臣无不失声痛哭。

刘聪一怒之下，便把他们都杀了。[9]

其实就算不杀，这些人也生不如死。怀帝投降后，刘聪封他为会稽郡公，还请他吃饭。刘聪说：当年你做豫章王的时候，朕跟一位朋友前去拜访，你说闻名已久，给朕看你写的歌词，送给朕许多礼物，这些事还记得吗？

晋怀帝说：臣岂敢忘，只恨当时不识龙颜。

刘聪说：你们家骨肉相残，怎么那样厉害？

晋怀帝说：天命在大汉（刘渊政权），所以臣家要为陛下打扫房间腾出地方，这是臣等的“自相驱除”。如果臣等精诚团结，弘扬武皇帝的基业，陛下如何能得天下？

好一个“自相驱除”，真可谓无耻之尤！刘聪听了却大为满意，当即赏给他一个漂亮女孩，尽管后来刘聪还是毒死了这亡国之君，并把那姑娘据为己有。[10]

这样看，怀帝已是奴颜婢膝，为什么还要杀他？

仇恨，还有恐惧和厌恶。

实际上刘聪的两次杀人，原因恐怕都在这里。有一天他外出打猎，让晋愍帝穿上军装担任开路先锋，沿途民众见了都忍不住流下眼泪。于是刘聪敏感地意识到，人心在汉在晋，不在他们这个假冒伪劣的。这几乎是无法改变的现状和现实。除了杀人，他想不出别的办法。[11]

那时刘聪的心里，一定五味杂陈。

心情复杂是必然的，因为身份认同是大问题。事实上当刘渊集团自称大汉的合法继承人时，也就同时意味着承认汉政权才是正统，汉文明才是正宗。因此他们是入汉入华，不是乱汉乱华，更不是灭汉灭华。问题是，当时又有谁能这样理解？就连他们自己也未必想得清楚。

民族大融合，看来还有很长的路要走。

◎胡汉相战画像石

汉朝对匈奴进行长期征战，画中汉朝官兵正与胡兵格杀，双方短兵相接，战斗激烈。

其实不但汉人与胡人，就连胡人与胡人也有矛盾，有冲突，有斗争。晋愍帝被害十一年后，匈奴的“汉—前赵”也灭亡了，举起屠刀的正是另一个胡人。他杀了前赵末代皇帝刘曜，把中国北方变成了自己的舞台。

这是公元329年的事。此时，距离中亚匈奴人引起的欧洲民族大迁徙（374），还有将近半个世纪。

从刘渊称王到刘曜被杀，汉化匈奴人的这个政权只存在了短短二十五年，就像流星划过夜空。然而大一统的局面却被撕开了口子，清风带着血腥吹了进来，新民族和新文明则将在血与火的交汇中诞生。只不过这万里长征的接力赛，还得有更多的火炬手才能跑完全程。

羯人石勒

接替前赵的是后赵。

后赵的皇帝是石勒。

石勒是羯人。

羯（读如竭），又称羯胡。他们可能是小月氏（读如月支或肉支）的后裔，可能是西域胡的一种，可能是匈奴的附庸或混血，也可能是伊朗人种。总之，分布在上党（今山西潞城一带）的羯人是来历不明和形迹可疑的。但以其深目、高鼻和多须，一望便知非我族类。[12]

实际上羯人也备受压迫和歧视。我们知道，胡的本义是兽类下巴的垂肉，这就已是蔑称。羯本义则是割去睾丸的公羊，那就更是蔑称。称为羯胡，实在是侮辱至极。

羯，是胡人中的胡人。

毫无疑问，这是一个弱小的民族。他们很可能是作为匈奴人的战俘或奴隶而被带到中国的。因此，在那个兵荒马乱的年代，羯人的权益得不到任何保障，只能做牛做马任人奴役。西晋官员甚至把他们当作商品投放市场，辗转贩卖时头上都戴着木枷，两个人共一副。

石勒就是这样的奴隶。

奴隶石勒原本是个羯人部落的小帅，多少也算有点身份。然而他们民族的命运是那样悲惨，这个小帅便注定要受尽磨难。事实上他当过佃农，做过买卖，还打算干贩卖人口的勾当，只不过并州刺史抢先一步，把他也抓去卖了。

幸运的是，买主解除了他的农奴身份。不幸的是，获得自由的石勒又落入乱军手中。这就让他明白，在这个弱肉强食的丛林世界，忍气吞声是没有出路的。羯人要想摆脱被奴役被宰割的命运，唯有自强。

石勒揭竿而起。

从乱军手中逃出后，石勒召集山野亡命之徒，拉起了一支凶悍的土匪队伍。以此为本钱，他由打家劫舍而攻城略地，由投靠他人而占山为王，终于完成了从奴隶到将军的转换，成为匈奴汉国一员骁勇的战将。到刘渊称帝第二年，石勒攻陷了冀州，兵力也增加到十多万人。

关键时刻到了。

作为草莽中崛起的枭雄，石勒完全可以继续他的杀戮生涯。作为屡被汉人欺辱的羯胡，他也有了报仇雪恨的资本。然而公元309年的石勒，却表现出对汉文化的敬重和向往。他在军中为汉族知识分子专门设立了一个部门，叫君子营，还将汉人张宾尊为谋主，奉为上宾。[13]

汉人张宾是张良一类的人物，当然知道那乱世不乏可乘之机，因此把石勒选定为自己的刘邦。张宾说，我一生阅人无数，只有这个羯胡将军能够共成大事，于是手提宝剑到军门大呼求见。石勒则在张宾的预见和计谋屡试不爽之后，对这个算无遗策的谋士言听计从。[14]

张宾的到来让石勒如虎添翼，何况这个天赋极好的羯族酋帅早已磨炼得胆大如斗心细如发。公元314年，也就是与刘曜会师攻陷洛阳俘虏晋怀帝的三年后，石勒和张宾又通力合作，一口吞掉了盘踞在幽州的王浚。

王浚出身名门望族，在西晋末年趁着战乱招降纳叛割据一方。当时北方士族为了躲避胡人，纷纷前去投靠。王浚不明白这是因为人心思汉，还以为天命在己，居然做起了皇帝梦，完全不知道螳螂捕蝉黄雀在后。

石勒却很谨慎。

对幽州垂涎已久的石勒采纳张宾的建议，派人带着礼物向王浚致意。在一封充满外交辞令的信中，石勒谦卑地自称

“小胡”，并诚恳地表示愿意支持王浚称帝。王浚看了又惊又喜。他问来人：石将军的话可信吗？

来人说：我们将军确实英雄盖世，也并非对称帝一事不感兴趣。只不过他很明白，自古以来只有胡人名臣，没有胡人帝王，这正是石将军见识过人之处。

这话很符合汉人的观念，王浚也就坚信不疑。

王浚放松了警惕，石勒便决定突袭。三个月后，他以送礼和劝进为名，赶着数千头牛羊大摇大摆进了蓟城（蓟读如记，今北京市）。这些牛羊其实是用来堵塞街巷，以便对付王浚部队的，如果王浚在城中设有埋伏的话。

当然，事实上是没有。

猝不及防的王浚被活捉并被杀掉，石勒则一路高歌猛进并蒸蒸日上。西晋灭亡三年后（319），石勒自称赵王。这个爵位原本是匈奴皇帝刘曜封给他的，但很快两人就反目为仇。于是石勒说：赵王也好，赵帝也罢，孤自己爱当什么就当什么！名号的大小，难道归他管？[15]

成为赵王的石勒再次表现出对汉文化的敬重。他明令禁止侮辱汉族知识分子，还设立公族大夫来管理士族。他又实行汉胡分治的政策，设门臣祭酒管胡人诉讼，设门生主书管胡人出入。他当然也没忘记维护胡人尊严，因此建国后便将胡人改称国人，并严禁使用“胡”字。

◎石勒据襄国攻占幽冀并青四州示意图

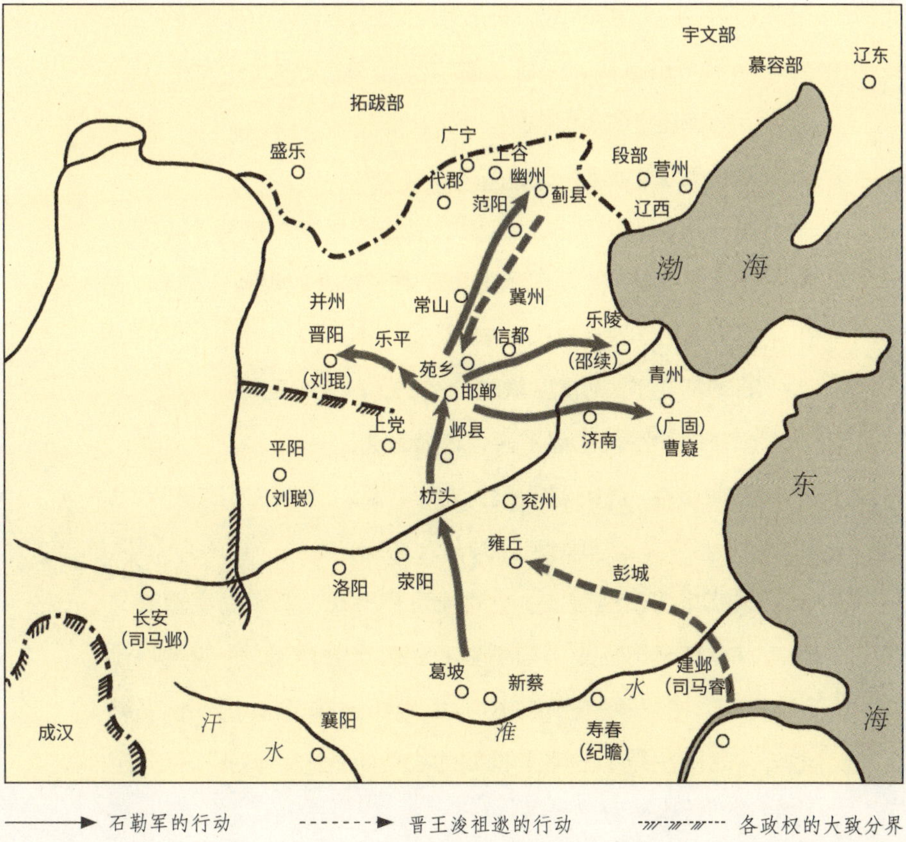

可惜消弭民族隔阂并不容易，汉人还是习惯性地将少数民族称为胡人。有一次，某人酒后闯入宫门，石勒责问门官为什么不严格执法，门官竟脱口而出说：那是一个喝醉了的胡人，哪里还能跟他讲理？

石勒笑了。他说：胡人是不好说话。

又一次，一位被石勒召见的汉族官员衣衫褴褛，让石勒大为诧异。石勒问：爱卿难道贫穷到了这个地步吗？

汉官答：臣的家财都被羯贼洗劫一空。

石勒又笑了。他说：羯贼抢去的，孤王来赔偿。

汉官这才发现说错了话，赶紧磕头。

石勒却说：孤的禁令是针对小民的，不关你们这些老书生的事。说完，当真赐给此人一大笔钱。

这就实在很难得了。更难能可贵的是，石勒高度重视文化教育，甚至亲临太学和小学考试儒家的经义，尽管他自己目不识丁。但石勒有石勒的办法，他的办法是让儒生读书给他听，即便在行军的路上也如此。久而久之，奴隶和强盗出身的石勒也慢慢有了学问。

如果不是文盲，石勒没准也会成为汉学家。

然而尊师重道复兴儒学的他，已经足够被认为是合格的君主。石勒在称帝之后曾经问一位臣僚：你看朕可以比得上哪位开国帝王？该大臣的回答是：神武韬略超过汉高祖，雄迈卓绝超过魏武帝，夏商周三王都不可比，也许只是略逊于轩辕黄帝他老人家吧？

石勒笑了。他说：你这话恐怕吹捧过了头。人贵有自知之明。朕如果遇到高皇帝，就只能俯首称臣；如果遇到光武帝，则不知鹿死谁手。但，男子汉大丈夫，做事就该光明磊落有如日月，终不能像曹家和司马家父子，靠狐媚阴柔玩弄诡计，欺负孤儿寡母得天下！

据说，当时群臣全都拜倒在地，山呼万岁。[16]

石勒这话确实说得豪气干云，他的历史地位也不可低估。如果说匈奴刘渊的作用，是在汉文明的腹地打进了一根楔子，那么羯人石勒的意义，则在于首次实现了中国北方分裂后的重新统一，尽管这次统一是短暂的。

然而南北朝的局面却已初见端倪。在灭亡了匈奴的前赵以后，羯人的后赵拥有了除辽西（前燕）和甘肃（前凉）以外的北方大部，与东晋隔淮河对峙。这就为今后将近两个半世纪的历史定了调子，尽管北方将再次分裂，直到另一个民族再来整合，再次实现短暂的统一。

那么，承担这一历史使命的又是谁呢？

氐人苻坚

匈奴和羯人的后继者是氐（读如低）。

这是一个古老的民族。他们很可能与羌族同源，或同时，或同种。由于住在今天的陕西省境内，因此汉化程度很高。同样，正因为世居西部，才得以在长安建国。[17]

建国前的氐人原本是前赵和后赵的附庸。后赵石勒死后，侄儿石虎篡位；石虎死后，养子冉闵篡位，建立汉族政权，国号魏，史称冉魏。冉闵对胡人进行疯狂报复，杀羯人二十多万，引起民族仇恨，被鲜卑的前燕所灭。氐族豪帅苻健便趁机建国，国号大秦，史称前秦。

不过前秦成为中国北方的主人，是在苻坚的时代。正是他，灭前燕（鲜卑）、前凉（汉）、代（鲜卑），伐西域三十多国，实现了中国北方的完全统一。

这是比后赵更大的成就。

那么，石勒没做到的，苻坚为什么能做到？

因为他对汉文化的热情更高。八岁时，苻坚就提出要请老师教书，这让他的祖父喜出望外。祖父说，我们戎狄本是异类，从来就只知道喝酒，你这小子倒要读书！于是大加赞赏欣然同意，苻坚也成为汉学家。据说他到太学视察时，提出的问题往往连五经博士都回答不了。

这可真是胡人中的汉人。

汉学家苻坚不但自己喜欢读书，还让其他人也学习汉文化。苻坚攻下代国后，便把被俘的代王送进了太学。有一天，视察太学的苻坚问了代王一个问题：中国人读书，长寿；漠北人吃肉，短命。什么原因？

代王答不上来。

苻坚又问：能给朕推荐几个可以担任将领的人吗？

代王说：我们漠北人长年逐水草而居，只知道打猎和放牧。跑得飞快不成问题，哪里能当将领？

苻坚又问：好学吗？

代王说：如果不好学，陛下何必送臣进学校？

苻坚大为满意。[18]

酷爱汉学的苻坚当然也不会没有汉族谋臣，这个人就是王猛。王猛是在考虑再三之后才跟了苻坚的。当时东晋大将军桓温西征前秦，王猛一身破衣烂衫前去见他，一面抓着虱子，一面高谈阔论（扪虱而谈便典出于此）。

桓温说：本将光复华夏，父老为何都不响应？

王猛当然知道原因所在。桓温西征原本为了捞取政治资本，东晋朝廷对他又不放心。何况即便灭了前秦，朝廷也会另派大员镇守关中。也就是说，胜则只有威名并无实惠，败则威风扫地血本无归。因此他不能不犹豫，也不能不考虑低成本高效益的方式，比如不战而屈人之兵。

于是王猛回答：将军不远千里深入敌后，长安近在咫尺却不渡灞水，百姓看不清将军之心啊！

桓温被说穿心思，一言不发。

王猛却看出东晋和桓温都没有前途，因此决定到苻坚那里去做诸葛亮（事实上苻坚也是这么看待他的）。只要能成大业，胡人或汉人又有什么所谓呢？[19]

苻坚与王猛一拍即合，正如石勒和张宾。

有了王猛，苻坚加速了前秦的汉化，同时加速了统一的进程。公元370年，也就是中亚匈奴人越过伏尔加河的四年前，前秦伐前燕。王猛在阵前召开誓师大会，意气风发地说：王某受国重恩，决不贪生怕死。今与诸君同心同德共建奇功，光宗耀祖报效国家，大家说好不好？

众将士一片欢腾，破釜弃粮奋勇向前。

结果，前秦大破燕军，前燕亡。

毫无疑问，这里面有利益驱动。比如大将邓羌，就是在王猛许诺了他想要的职位后，才一跃而起的。但王猛把氐人的政权看作了自己的国家，却同样毋庸置疑。他已经抛弃了那个自以为是的东晋，认异族为自家了。

这样的汉人，应该不止王猛一个。

事实上对于广大民众而言，谁当皇帝并不重要，重要的是自己的日子过得如何。而在苻坚和王猛的治理下，前秦河清海晏国泰民安，人民丰衣足食安居乐业。从长安到各州都开通了国道，沿路也种上了槐树和柳树，二十里一亭，四十里一驿，商旅畅通于道，行人讴歌于途。[20]

前秦能够实现更大的统一，并非没有原因。

原因当然是多方面的，但苻坚的厉行改革肯定至关重要。作为新建政权，前秦在初期难免部落习气，勋贵和豪酋更不乏横行霸道之徒。王猛却不畏强梁，上任之初就整肃风纪严明法制，狠狠打击不法分子，结果被既得利益集团和氐人上层贵戚一状告到了御前。

苻坚决定亲自审理此案。

有趣的是，苻坚的断案标准是儒家的。他问：朕听说为政以德，治民以仁。卿上任不过几天就杀人无数，为什么要如此严酷呢？不觉得太过分了吗？

王猛说：宰宁国以礼，治乱邦以法。天下太平，当然可以一团和气；凶猾横行，就必须重拳出手。其实，很可能还有一句话他没有说出来：对待知书达理的当然可以温良恭俭让，对付没文化的野蛮人就只能用鞭子。

听完这番话，熟读汉学经典的苻坚很自然地把王猛理解为法家，理解为管仲、子产一类的人物。他首肯并支持了王猛的改革，而且在初见成效后感叹地说：今天我才知道天下之有法，也才知道天子之为尊。[21]

当然，苻坚也好，王猛也罢，都是儒法并用。在依靠严刑峻法打击豪强肃清吏治的同时，他们也鼓励农桑，兴办教育，提倡孝悌，苻坚则一月三临太学。对此，苻坚颇为自得。他曾经问一位儒学博士：朕之尊儒，可以比得上汉的两位武皇帝（汉武帝、光武帝）吗？

该博士答：哪里是二武可以比的。

苻坚笑了。在他看来，前秦就是汉帝国的再生，自己就是汉文明的代表。他甚至不无得意地说：周公和孔子的传统总算不会在朕的手上中断。[22]

呵呵，他把自己看作了华夏文脉的延续者。

然而王猛却很清楚，不管前秦做了些什么，也不管他们做得多好，华夏正宗仍然会被认为是在东晋，因此临终前对苻坚留下遗言：臣死之后，万万不可伐晋。[23]

苻坚放声大哭，王猛的话却被当成了耳边风。

王猛去世八年后（383），苻坚悍然发动了意在吞并东晋的战争。此前，他已经灭亡了前凉和代国，鲜卑的慕容垂和羌族的姚苌（读如常）也来投靠，于是苻坚便认为一统天下非他莫属。他甚至大言不惭地说：长江天堑又如何！以我百万之众，每人扔根鞭子也能让它断流。[24]

但，结果又如何呢？

长江没有断流，断流的是淝水，而且是被前秦将士的尸体阻断的。中箭后逃出战场的苻坚和他的部下，则听见风吹和鹤叫都以为是东晋的追兵，甚至早在交战前看见八公山上的草木都觉得像人形。于是苻坚对中华文明的最后贡献竟是留下了两个成语：风声鹤唳，草木皆兵。[25]

淝水成了苻坚的麦城和滑铁卢。

又一颗冉冉升起的政治明星迅速陨落了，尽管此前它曾是那样地闪亮。这可真是其兴也勃焉，其亡也忽焉。其中奥秘，难道不该深思吗？

那就来看淝水之战。

再分裂

从某种意义上说，决定东晋和前秦乃至整个中国命运前途的淝水之战，更像是一场没有导演的大型山水实景演出。当时，两军的先头部队分别到达淝水，后续部队也正陆续赶来。前秦军由苻坚亲率，号称九十七万，前后旗鼓相望延绵千里，东晋总兵力却只有区区八万人。

然而弱小的晋军居然挑战了。

晋军的挑战书写得就像邀请函。他们派遣使者过河对秦军统帅说：贵军不远千里而来，却临水布阵，很像是居家过日子的模样，请问这又如何施展身手？不如请贵军稍稍后退几步，腾出一小块地方来让双方将士周旋，下官与诸君骑在马上缓缓而行慢慢观赏，岂不是很潇洒吗？

当然潇洒，只不过也很可疑。

可疑是显而易见的。因为如无必胜的把握，或者必死的决心，谁都不会背水一战。苻坚却满不在乎地同意了晋军奇怪的请求。他说：让他们过来！过来以后，我以铁骑数十万围而剿之，且看他们如何变成落水狗！

苻坚的想法并非没有道理，也并非没有原因。实际上他不怕交战，只怕晋军退回去固守长江。那时候，没有了用武之地的百万雄师，难道当真去投鞭断流不成？

于是苻坚下令退兵。

晋军这边，则以八千人渡河。

是的，八千而已。

然而谁都没有想到，秦军一退便不可收拾。他们不是后退几步就停下来严阵以待，而是狼奔豕突溃不成军。苻坚之弟副帅苻融亲自出马都阻止不住，自己反倒掉下马来被乱兵杀死。就连苻坚也身中流矢，只能落荒而逃。

渡过淝水的晋军当然不会放过这天赐良机，他们趁机发起进攻并予以痛击。失去统帅的秦军失魂落魄，夜以继日一路狂奔，自相践踏而死的人蔽野塞川。刚刚拉开序幕的淝水之战，就这样突然以戏剧性的转折告终。[26]

这实在怪异。

是啊，秦军后退，原本是要腾出地方做战场，以便与晋军决一死战的。不料苻坚一声令下，竟然就由退兵变成了败兵和逃兵，而且毫无组织性纪律性可言。难道堂堂秦国军队不过乌合之众？难道他们本来就准备要打败仗？

正是如此。

事实上苻坚发动这场战争并不得人心。他召开御前会议讨论此事时，反对的声音一浪高过一浪。不但官员们不同意，将领不同意，他的弟弟苻融也不同意。苻融说：贪得无厌和穷兵黩武，都是要亡国的。何况华夏正统在晋，正统不会让人。天之所佑，岂是我等戎狄可以灭亡？[27]

这其实是当时的共识，尽管未必在理。

因此，东晋虽然腐朽腐败，却仍是人心所向。比如晋将朱序，虽然在被俘后投降了苻坚，却成为晋军的卧底和线人。正是他，利用被派往晋营劝降之机，建议趁秦军立足未稳赶快动手。也正是他，在秦军刚刚后退时大喊“苻坚败了”，这才导致了不可收拾的局面。

但朱序的谎报军情只是导火索。实际上，如果秦军当真志在必得斗志昂扬，朱序就不会得逞。相反，正因为秦军早就人心浮动，这才由于一句谎言而全盘崩溃。

其实就连苻坚和苻融兄弟，也都在战前没了底气，这才会在眺望八公山时觉得草木皆兵。情绪是会传染的。统帅的忐忑传染给将士，结果就是人心惶惶。换句话说，他们还没投入战斗，就已经准备失败逃亡了。

苻坚和他的前秦军，只能风声鹤唳。

何况他们也确实是乌合之众。苻坚的百万大军中，有汉人、氐人、羯人、羌人、鲜卑。汉人不想打汉人，羌人和鲜卑则同床异梦。王猛和苻融都说，东晋不可颠覆，羌人和鲜卑才是心腹之患。苻融甚至明确指出，羌人姚苌和鲜卑慕容垂怂恿前秦伐晋，其实别有用心。[28]

可惜苻坚不听。

事实证明，王猛和苻融说得并没错。淝水之战以后，慕容垂倒是有情有义，以他硕果仅存的三万人马护送苻坚西归，尽管苻坚只剩下了一千多人。不过走到半路，两人还是分道扬镳。第二年，慕容垂称王建国，史称后燕。[29]

姚苌就没有那么客气了。

战前被苻坚任命为龙骧将军的姚苌是羌人。跟世居西部的氐人一样，羌人也是古老而弱小的民族。尽管他们在殷周之际曾盛极一时，并世代与周王通婚，但到魏晋早已是明日黄花。不过由于姚苌，这个民族在五胡十六国时代也登台亮相，虽然时间并不太长，政权也不太强。

羌人的政权叫后秦。

后秦是在慕容垂称王之后建国的。这时，鲜卑人建立的政权除了慕容垂的后燕，还有慕容泓的西燕。于是姚苌决定在燕、秦两败俱伤时，再来坐收渔翁之利。

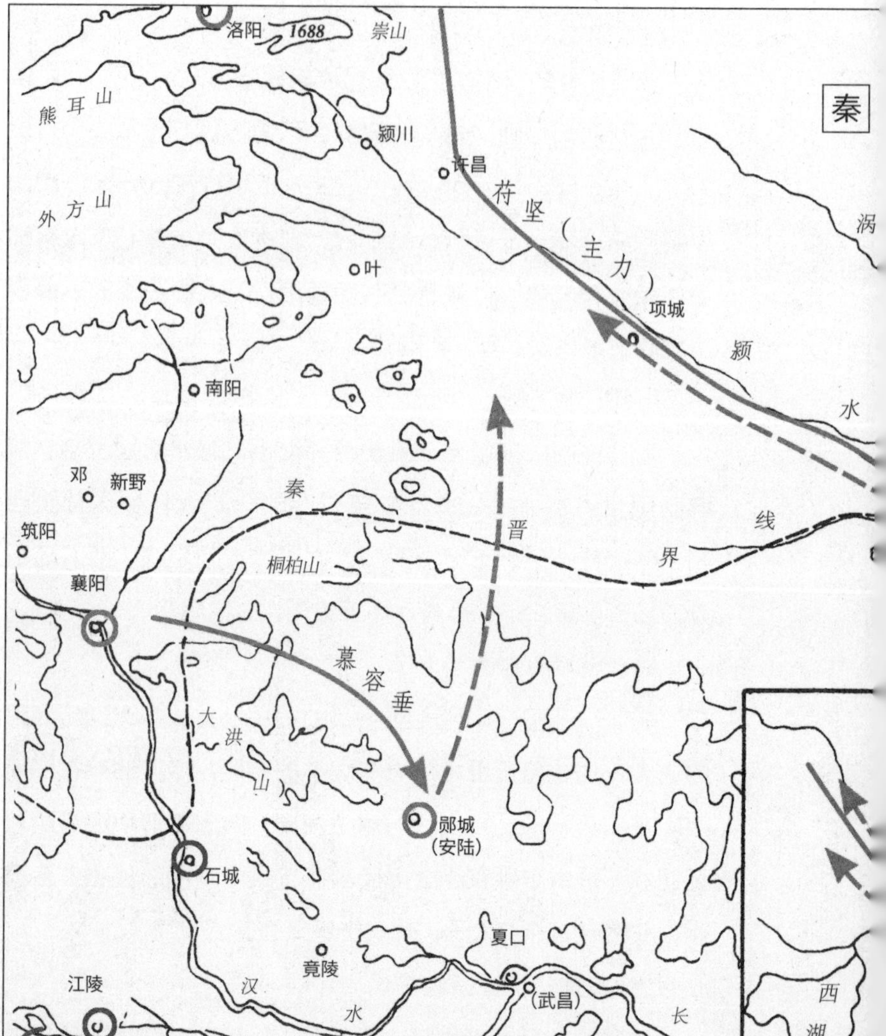

洛阳
1688
崇山
熊耳山
秦
颍川
许昌
苻坚（主力）
外方山
涡
叶
项城
颍
南阳
水
邓
新野
秦
晋
线
筑阳
界
桐柏山
襄阳
慕容垂
大洪山
郧城
（安陆）
石城
夏口
竟陵
江陵
汉
水
（武昌）
长
西
湖
上明
（松滋）
江

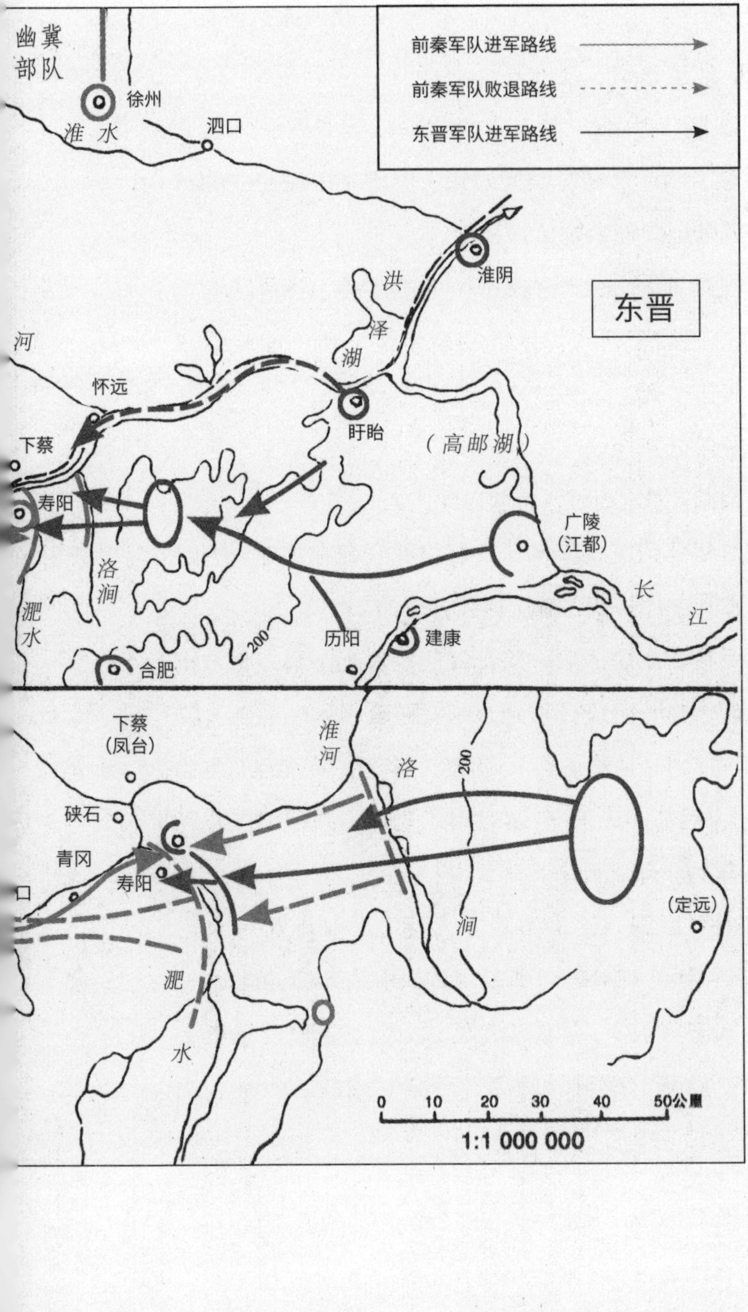
前秦军队进军路线
前秦军队败退路线
东晋军队进军路线
幽冀
部队
徐州
淮 水
泗口
淮阴
洪
泽
湖
东晋
河
怀远
盱眙
（高邮湖）
下蔡
寿阳
广陵
（江都）
洛
涧
淝
水
长
江
历阳
建康
200
合肥
下蔡
（凤台）
淮
河
洛
200
硖石
青冈
寿阳
口
（定远）
涧
淝
水
0 10 20 30 40 50公里
1:1 000 000
◎ 淝水之战

实际上，他也等到了这一天。

淝水之战两年后，鲜卑人的西燕军攻陷长安。姚苌则趁火打劫，在五将山（在今陕西岐山）俘虏了出城迎敌的苻坚，并厚颜无耻地向他索要传国玉玺。

苻坚怒发冲冠。他痛骂姚苌说：大胆小羌，竟敢威逼天子！玉玺早就送给了晋人。就算在朕手中，也不能传给尔等。我们五胡的序列中，没你们羌人的名字！

姚苌又要求苻坚禅让。

苻坚又骂道：你这叛贼，怎敢自比古人！

姚苌被苻坚骂得无可奈何，只好将他绞死在佛寺。短时间统一了北方的一代天骄，就这样死于非命。[30]

实际上早在淝水之战后，前秦就已经风光不再，北方则再次陷入分裂。第一阶段分裂为八国：前秦（氐）、后燕（鲜卑）、西燕（鲜卑）、后秦（羌）、西秦（鲜卑）、仇池（氐）、北魏（鲜卑）、后凉（氐）。分裂只用了三年，并存则在公元384年到394年的十年之间。

以后的半个世纪，便是不断有人建国，又不断有人亡国。新建的有：南凉（鲜卑）、北凉（匈奴）、南燕（鲜卑）、西凉（汉）、北燕（汉）、胡夏（匈奴）。灭亡的则有：前秦、西燕、后凉、后燕、南燕、南凉、后秦、西凉、西秦、胡夏、北燕、北凉，只留下北魏和仇池。

◎魏晋十六国南北朝隋唐兴亡表

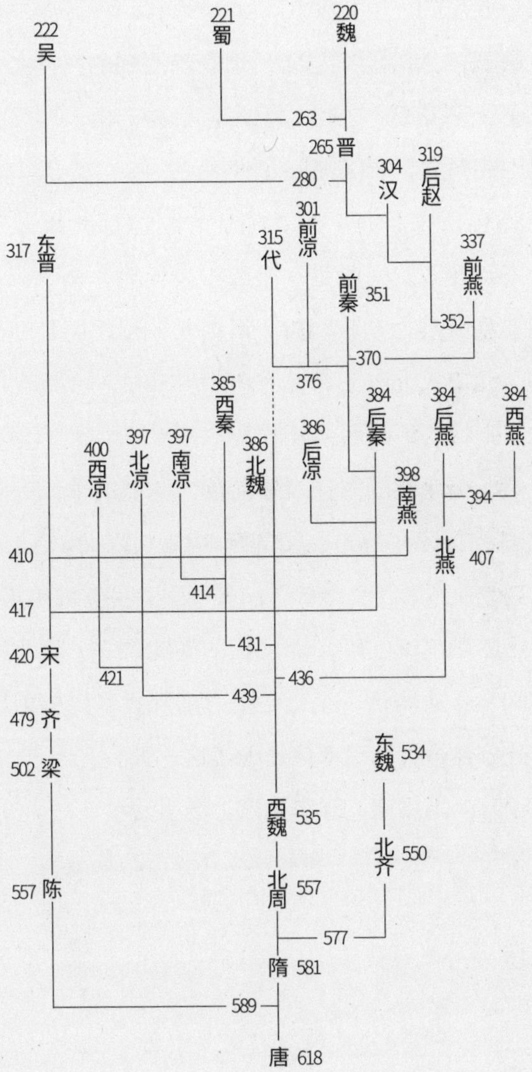

不过，仇池的灭亡，也只是早晚的事。

最后胜出的，是北魏。

北魏是十六国的终结者，也是南北朝的开创者。这个时代在南方上承东晋，在北方上承十六国。由于南北两方面的势力长时间对立，所以史称南北朝。

南朝包括宋、齐、梁、陈，北朝包括北魏、东魏、西魏、北齐和北周。南朝是一个政权替代另一个政权，北朝则是先由北魏分裂为东西两魏，再由北齐和北周分别替代东魏和西魏。北周灭北齐后，北方再次实现统一。替代了北周的隋灭亡了南朝的陈以后，全中国统一。

显然，南北朝的重头戏在北魏，此前的十六国则乱哄哄你方唱罢我登场。首先亮相的是匈奴（汉—前赵），第二个是羯（后赵），第三个是氐（前秦），第四个是羌（后秦）。其中，后赵和前秦实现了北方短时间的统一，而北魏维持统一的时间竟长达将近一个世纪。之前那么多民族创造的轰轰烈烈和分分合合，似乎都只是为了这一天。

千呼万唤始出来，鲜卑人该上场了。

第二章

鲜卑人

被宦官谋杀的太武帝拓跋焘一身是谜。
但正是在他的时代，
统一了中国北方的北魏正式成为北朝，
并开始了从胡汉融合到全盘汉化的历史进程。

中国靴子

鲜卑正式出场时，应该有了马镫。

而且，是双镫。

很少有什么发明像马镫这样既简单又伟大了，它几乎改写了人类的历史，至少改写了战争史。我们知道，马参加战争，起先都是用于车战。后来有了骑兵，战斗力却非常有限。因为如果没有马镫，又想在狂奔时张弓射箭，交战时挥刀杀敌，对不起，那一定会掉下来。

然而马镫却让骑兵成为最可怕的敌人。有了马镫这个着力点，他们可以稳稳地骑在马上且走且射，拔出剑来左劈右砍；而当他们挥戈前进时，奔驰的战马还将大大增强长矛的冲击力。总之，马镫让马上白刃战成为可能。

当然，他们或许还要穿上长筒靴。

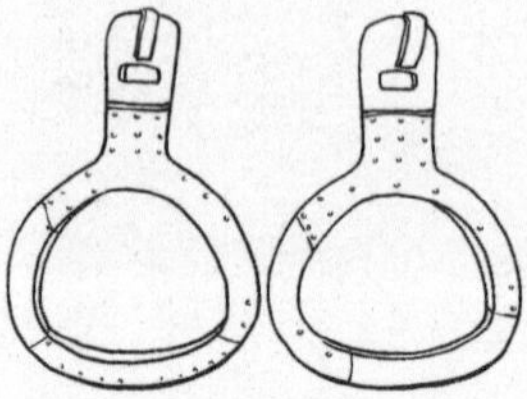

◎南北朝时期铜镫片鎏金马镫

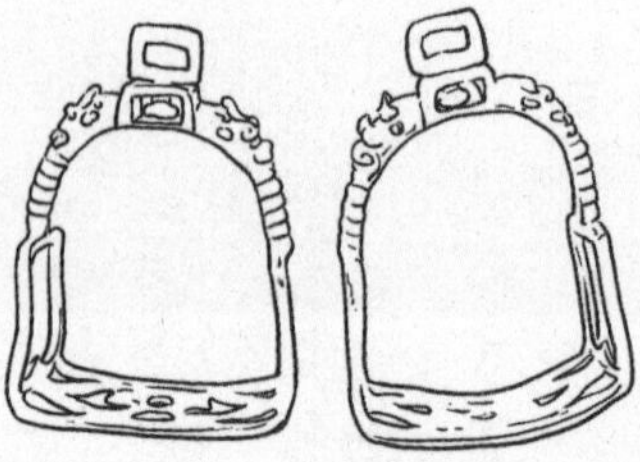

◎唐代青铜马镫

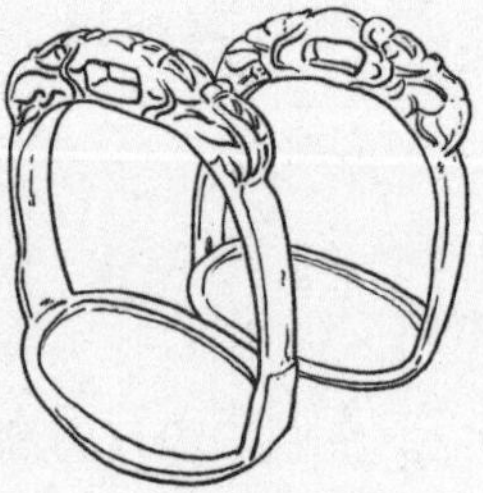

◎元代铁马镫

◎清代景泰蓝马镫

1965年在北票县北燕贵族墓中出土了一对南北朝时期的马镫，木芯长直柄包铜皮，是现存年代最早的马镫实物。自南北朝后，马镫历经改造，形式呈现多样，也逐渐出现银、铁鎏银、铁，甚至景泰蓝等不同材质。

但不管怎么说，人马合一的骑兵变得所向无敌。正是靠着这种极具杀伤力的快速部队，唐王朝击败东西突厥和吐谷浑，创造了农业帝国大规模战胜游牧民族的奇迹。也正是马镫，促使欧洲产生了骑士阶层和封建制度。难怪有人会这样认为：历史是由科学技术的进步造就的。[1]

也许吧，也许。

马镫传入西欧，一般认为是在公元8世纪；马镫的发明者，则一般都认为是Chinese，因此，马镫也被称为“中国靴子”。这种“靴子”在我国多有出土，而且与鲜卑也不无关系。比如最早的双镫实物，以及绘有双马镫的陶俑，便是在鲜卑人或鲜卑化汉人的墓葬中发现的。

这两个墓葬，一个属于北燕，一个属于北魏。[2]

毫无疑问，这并不意味着鲜卑就是马镫的发明人。马镫的发明显然更早，而且起先是单镫。但如果把“中国靴子”的称号送给鲜卑人，也许可谓恰如其分。因为正是这双“靴子”的筚路蓝缕，为中华民族蹚出了一条新路。

那就来看鲜卑人。

鲜卑是东胡系少数民族之一。他们原本居住在大兴安岭的森林中，也就是现在鄂伦春人居住的地方。而且他们叫鲜卑，很可能就因为大兴安岭叫鲜卑山。至于他们使用的语言，则大约是突厥语再加早期蒙古语和通古斯语。

这是一个古老的森林民族。

后来，鲜卑人走出森林来到草原，接管了匈奴人的塞外故地，把自己变成了游牧民族。南迁和西迁以后的鲜卑人与不同民族混血，形成了不同的部别，包括宇文部、慕容部、段部、乞伏部、秃发部、拓跋部等等。他们组成松散的政治军事联合体，占据了北方辽阔的土地。

混血的鲜卑各部是风情万种的。其中最漂亮的是皮肤白皙的慕容部，他们也因此而被称为白虏。慕容部的姑娘则不少成为东晋皇族和士族的女人，比如晋明帝司马绍的母亲就是。因此这位汉族皇帝便有着黄色的须发，甚至坚毅果敢的性格，终于使王敦的谋篡未能得逞。

慕容，是鲜卑的佼佼者。

实际上鲜卑中最先崛起的也是慕容部，他们建立的政权共有四个：前燕（337）、后燕（384）、西燕（384）和南燕（398）。此外，乞伏部和秃发部也各自建国一个，即乞伏国仁的西秦（385）和秃发乌孤的南凉（397）。

最落后的是拓跋部。

拓跋部跟宇文部一样，男人都剃光头，只留顶部一撮头发结成辫子，因此被称为索头或索虏。甚至从大兴安岭迁徙到呼伦贝尔大草原后，这个部族也仍然保持着原始野蛮的习俗，自说自话地拒不接受汉人先进的文化。

后来北魏改革之难，不言而喻。

然而这个最落后的部族，却终于成为新时代和新文化的开创者。这里面无疑有太多的故事，但公元258年肯定是重要的年份。这一年，鲜卑拓跋部在阴山南麓的盛乐（今内蒙古和林格尔）举行大会，宣布他们完成了从部落到部落联盟的转换，并开始向国家时代进军。

这时还是三国时期。曹魏以及之后的西晋、东晋和热闹非凡的十六国，都没有注意到这个弱小部族的存在，更想不到他们从这里出发，将来会雄霸北方。只有拓跋人自己牢牢记住了阴山下的那些岁月，以至于在变成北魏又变成东魏的二百八十年后，还能够这样深情地歌唱：

敕勒川，
阴山下，
天似穹庐，
笼盖四野。
天苍苍，
野茫茫，
风吹草低见牛羊。

这是怎样的历史沧桑，这是怎样的家国情怀！

◎鲜卑人的生活

大同智家堡北魏墓棺板画（A板）

绘画内容包括两大部分，以山水为界，左边为盛大的车马出行队列，右边为激烈的狩猎场面。

（B板）

绘画内容以帷屋为中心，左侧排列男女侍仆和马匹车辆；右侧为庖厨取食捧钵者。男仆女婢谦恭等待的形象表现得十分逼真。

（C板）

绘画内容主要是形式不同的车舆。

据说，这首歌的原文是鲜卑语，翻译成汉语后仍然雄浑大气。翻译者斛律金（斛读如胡）是使用敕勒语的斛律部人，他是应汉人高欢的要求译唱的，因此这首汉语的《敕勒川》本身就是文化交流与民族融合的见证和象征。[3]

大哉敕勒川!

定居阴山南麓的鲜卑拓跋部，缓慢进入了文明史。半个世纪后，部落联盟的大酋长被西晋封为代公，之后又升格为代王。但这只不过体现了晋人的怀柔政策，拓跋各部落的小酋长们却并不欢迎一个拥有绝对权力的国王。就连把游牧改为定居，他们都有不同意见。

结果是脆弱的代国被强大的苻坚所灭，时间在公元376年，也就是西哥特人渡过多瑙河那年。代国的灭亡标志着中国北方完全由前秦统一，也意味着鲜卑拓跋人走向文明的重大挫折。此后十年，他们只能痛定思痛，直到更加强有力的领袖带领他们在草莽中勃然崛起。

领袖是拓跋珪（读如归）。

他建立的王朝国号魏，史称北魏。

拓跋珪是在牛川（今呼和浩特）称王建国的，时间是公元386年。十二年后（398），他又迁都平城（今山西大同）并自称皇帝。此后，直到公元493年孝文帝拓跋宏迁都洛阳，平城一直是北魏的首都。

这是完全不同于五胡十六国的政权。

十六国都是短命的，大多只有二三十年，少数能有四十多年，最短只有两三年。超过六十年的只有一个，还是无人理睬的偏远小国（前凉），根本无足称道。北魏却存在了一个半世纪，还在将近一个世纪的时间内维持了中国北方的完全统一，这岂是十六国可以同日而语的？

更重要的是，北魏不仅是一个政权、一个国家，更是连汉族都承认其正统性的朝代。朝代跟国家是不同的。三国时期，只有曹魏还可以勉强称为朝（魏朝），孙吴就不能叫吴朝，蜀汉也不能叫做蜀朝或汉朝。只有北魏及其以后的四个政权，可以跟南方四政权并称为北朝和南朝。

这在中国历史上是第一次。

十六国与南北朝，也完全不能相提并论。

可以与北魏相比拟的，大约只有后来发展为查理曼帝国的法兰克王国。事实上，正如五胡中只有鲜卑拓跋真正刷新了历史，欧洲日耳曼诸蛮族中也只有法兰克人成就了千古大业。其中奥秘，难道不值得深思吗？[4]

从联盟到帝国

如果说历史真有巧合，那么中华与罗马的命运就堪称神似。西晋灭亡前后，有五个少数民族建立了自己的政权。以公元纪年，依次是匈奴的汉—前赵（304），羯人的后赵（319），鲜卑的前燕（337），氐人的前秦（351）和羌人的后秦（384）。当然，这里说的鲜卑还是慕容部。

但紧接着就是拓跋部了。

同样，西罗马灭亡前后也有五个日耳曼蛮族建国，依次是西哥特（419），汪达尔（439），勃艮第（457），法兰克（486）和东哥特（493）。这简直就像是把中华史照样演出了一遍，只不过他们那边刚好晚了一个世纪。[5]

日耳曼，就是欧洲的五胡。

法兰克，则是他们的北魏。

实际上这两个民族的道路也确实相似。他们都是先有王国后有帝国，也都在走向帝国时有过挫折。拓跋的代国被灭，法兰克则陷入分裂。但到中国的中唐时期，法兰克查理曼帝国之版图，便已经包括了今天的法国、德国、荷兰、比利时、奥地利、意大利和西班牙的一部分。

这就比北魏还让人震惊。

其他日耳曼国家也无法与之相比，包括先后兴起于西班牙的苏维汇（Suevi，409），意大利的伦巴德（Lombard，568）。事实上，只有法兰克，才是破碎的罗马世界中真正的新生力量。这种力量是历史性的而非民族性的，因此注定还要从中再诞生两大帝国：法兰西和德意志。[6]

法兰克人可以自豪。

更值得他们骄傲的是，法兰克人不像拓跋珪或者之前的刘渊、石勒、苻坚那样自己称帝，而是得到了上帝通过其代理人的授权。教皇利奥三世在公元800年的圣诞节为查理大帝举行了加冕礼，并授予他奥古斯都的称号。

此事引起了东罗马皇帝的强烈不满，因为在他看来自己才是帝统的唯一继承人，何况法兰克首任国王的王衔还是罗马皇帝授予的。但到公元814年，拜占庭也不得不承认了查理的帝号，正如主张“天无二日，人无二君”的中国汉族士大夫，不得不承认北魏也是王朝。[7]

◎查理大帝加冕

据《圣德尼法国编年史》。

查理大帝在位十四年，发动过对伦巴德人、萨拉森人、撒克森人等的五十多场战争，控制了大半个欧洲。他就是扑克牌里那位“红桃 K”的原型。

这真是何其相似乃尔！

法兰克人的拓跋珪叫克洛维（Clovis），原本是撒利克法兰克人的酋长，就像拓跋珪是拓跋鲜卑人的首领。克洛维甚至也曾迁都，把都城从苏瓦松迁到巴黎，就像拓跋珪从牛川迁都平城，尽管他俩并没有彼此商量过。

但他们的历史使命是一样的，那就是将野蛮的部落改造成文明的国家。面对的现实问题也是一样，那就是如何酬劳和安抚那些追随他们打江山的弟兄。毕竟，克洛维也好，拓跋珪也罢，都是靠武力夺取政权和地盘的。

克洛维的办法是把土地分封给亲兵、廷臣和主教，这并没有耗费他太高的成本。因为这些土地原本属于罗马皇室和罗马国库，是他没收来的，用不着自己掏腰包。

如此慷慨大方，当然让军事贵族们感到满意，甚至大得高卢地区主教们的欢心。然而这种完全私有的赐地，却终于让王国囊中羞涩。因此到二百年后，法兰克不得不诞生了自己杰出的改革者，并创造出一种新的制度。

改革者叫查理·马特（Charles Martel）。

查理·马特的办法，是把赏赐变成了交易。封臣可以获得土地，叫采邑。但条件是必须尽义务，服兵役。采邑可以层层分封，但不能世袭。封臣去世后，封主就将其收回。封臣的子孙要想继承，必须重新注册再立新功。

这就叫采邑制。

采邑制的主要受惠者是骑士，由此，便诞生了骑士阶层。靠着骑士们奋勇杀敌，查理·马特打败了阿拉伯人，并使法兰克王国成为抵挡伊斯兰文明渗入欧洲的屏障。他本人也获得了“马特”的称号，意思是铁锤。

与采邑制同时诞生的是封建制。

封建制也是必然要诞生的。因为罗马帝国和文明崩溃以后，失去主心骨的芸芸众生已不能再指望委员会，只能层层依附于比自己强大的人。这就形成了封建关系，而层层分封的采邑制，则成了这种关系的现实支持。

法兰克终于成为封建大帝国。[8]

然而这种方案并不可能成为拓跋珪的选择。因为封建制早在一千五百年前就被周人发明，又在六百年前被秦始皇彻底废除。拓跋珪的道路，只能是一步就从部落联盟跨入帝国时代，迅速完成从野蛮到文明的转换。

可惜这并不容易。

我们知道，以游牧和掠夺为生的鲜卑拓跋部，原本是一个松散的部落联盟。联盟中拥有实权的，是各部落的酋长（部大人）。这些家伙就像黑社会各帮老大，手下有众多马仔和小弟，并不认为国王有什么意义。即便有，那也只是土匪联席会议的主席，可以轮流坐庄的。

拓跋珪要对付的，就是这帮人。

不过首先还得酬劳和安抚。拓跋珪的办法是建立“班赐”制度，由国王按照等级和战功赏赐牲畜和奴隶，实际上是坐地分赃的合法化和制度化。因此，尽管赏赐的额度并不大，秩序却建立起来，这就迈出了第一步。

第二步是利用鲜卑人对政治的无知，大量起用汉族知识分子担任文官，迁都平城后还建立太学祭祀孔子。这就赢得了被统治民族的好感，也让拓跋珪有了底气。他甚至对鲜卑将领表示：有民就有国，在哪儿不能为王？意思也很清楚：不要以为我就离不开你们的支持。

与此同时，农业也越来越替代畜牧业成为了北魏的经济命脉。也许，这才是最关键的一步。事实上，一个民族的生产方式如果从游牧变成了农耕，他们就必须接受或建立文明。走到哪吃到哪的日子已经一去不复返，作为负责任的丈夫和父亲，不能不考虑房产证和电冰箱。

拓跋珪决定迁都。

迁都是在公元398年，也就是罗马帝国分裂的三年后。此前，拓跋珪已夺取并州，攻陷中山（后燕首都），拥有了黄河以北的大片土地。在这片广袤的土地上，继续实行游牧时代的部落联盟制度，显然是不合时宜的。[9]

建立农业大帝国的时机到了。

拓跋珪大刀阔斧。他将被征服的后燕吏民工匠五十万人迁入平城京畿内外，按照户口分配土地。拓跋各部落也迁徙到这里，然后就地解散，分土定居。管理这些地区和臣民的将不再是部落的酋长，而是朝廷的命官。原来占山为王的各部大人，则成为北魏的编户齐民。

换句话说，酋长都变成了老百姓。

至于帮主们手下的马仔，当然也跟酋长对部民的统率权一样被收归国有。他们成为北魏君主的直属部队，被组建成一支既骁勇善战又服从中央的国军。

这就是拓跋珪的“部落解散政策”。这个政策，是之前五胡十六国中从来没有的。[10]

也就在这一年年底，拓跋珪称帝。

称帝是实至名归的。事实上当拓跋珪迁都平城时，从联盟到帝国的走向便已经不可逆转。之后的北魏，将跌跌撞撞地向前迈进。只不过，那是一条铺满荆棘的道路，途中将有一个又一个人倒下，包括汉人和胡人、改革派和保守派，也包括他们的皇帝，甚至包括拓跋珪自己。

喋血萧墙

拓跋珪是三十九岁那年被谋杀的。[11]

凶手是他的儿子拓跋绍，十六岁。

此案的直接原因，是拓跋绍的生母受到威胁。为了救母亲，拓跋绍只好杀了父亲。这当然未尝没有可能。事实上拓跋珪死前已经精神失常，许多人仅仅因为一言不合甚至呼吸不畅，便被疑神疑鬼的他亲手杀死在天安殿。因此即便拓跋绍不去行刺，恐怕也会有别人动手。[12]

那么，拓跋珪何以如此？

史家的说法是嗑药，也就是吃了五石散（五石散详见本中华史第十一卷《魏晋风度》），但更大的可能是心理负担过重。他发病时数日不食，彻夜不眠，对着空中自言自语讨论建国以来的成败得失，就是证明。[13]

看来，做一个开国之君也不容易。

拓跋珪就更不容易。因为他的族群不但是戎狄，就连在鲜卑人中也是最落后的。保守势力顽固坚持陈规陋习，完全不能理解他的良苦用心。汉族士大夫则离心离德，以至于请他们出来做官还得动粗。比如一位名叫崔宏的高级士族，就是在逃跑后被抓回来强行戴上官帽的。[14]

这实在让他崩溃。

拓跋珪的悲剧既是民族性的也是历史性的，因此注定还要重演，以后也还有皇帝不断被杀。实际上北魏皇帝十四个，倒有九个死于非命。他们有的是儿子杀的，有的是太后杀的，有的是宦官杀的，有的是权臣杀的。其中，就包括第三任皇帝世祖拓跋焘。

不过，人们更习惯于叫他太武帝。

太武帝拓跋焘是太祖拓跋珪的长孙，太宗拓跋嗣的长子。他十六岁登基，在位三十年，享年四十五岁。后两项纪录在北魏都是最高的，既空前，也绝后。[15]

何况还有业绩。继位后九年，拓跋焘便在胡夏灭亡西秦之后又灭胡夏（431），继而一鼓作气灭北燕（436），亡北凉（439），破柔然（449），伐刘宋（450）。至此，北魏真正成为北朝，十六国结束，南北朝开始。

这是一个划时代的人物。

但，此人也一身是谜。

最大的疑团是他的死。我们只知道，拓跋焘是在北魏正平二年（452）二月初九被害的，凶手是宦官宗爱，具体细节却一概不知。更可疑的是，这个逆贼不但事后当了宰相，还在八个月后又杀了自己新立的皇帝。直到这时，新的政变集团才把他送上断头台。[16]

这就奇怪！北魏不是东汉，也不是后来的晚唐，宦官哪来这么大的权势？事实上宗爱能够得逞，就因为当时执政的朝臣没把他放在眼里。拓跋焘死后，这伙人原本是要立另一个人做皇帝的，却被宗爱骗入宫中杀掉。就连他们藏在秘室中的那位储君，也被宦官搜出来处死。[17]

由此可见，朝臣们原本大权在握，实际上决定秘不发丧另立新君的也是他们。既然如此，血案发生后他们为什么不立即抓捕凶手，反倒进宫与宗爱相见？就算鲜卑不像汉人那样视弑君为滔天大罪，也不至于对太武帝之死无动于衷，让那个杀人犯逍遥法外吧？

凡此种种，岂不可疑？

然而官史却讳莫如深。

吞吞吐吐，当然是有太多的不可告人。实际上此案的背景相当复杂，甚至可以追溯到另外两个人的死亡。这两个人，就是皇太子拓跋晃和司徒崔浩。

拓跋晃是在太武帝被害前八个月神秘去世的，死因据说是得了抑郁症。官方史书称，当时太武帝听信宦官宗爱的谗言，震怒之下诛杀了太子身边的诸多属官。拓跋晃惊恐万状，竟在惶惶不安和有苦难言之中忧愤而死。

太武帝则很快就发现拓跋晃受了委屈，追悔莫及的他开始怀念儿子。现在轮到宗爱心惊胆战了。为了保命，这个小人便铤而走险谋杀了皇帝。[18]

这就是所谓正史的说法。

可惜这并不能自圆其说。以拓跋焘之英武果敢，如果发现太子是被宗爱诬陷，岂能让这家伙活到变成凶手那天？因此南朝方面对北魏公布的说法表示存疑，民间的小道消息更是不胫而走，吵得沸沸扬扬。

怀疑是有道理的。事实上太子死前半年，拓跋焘正在南征。志在必得的他势如破竹，军进瓜步（在今江苏六合），饮马长江，还在那里建起了行宫。然而在没有任何征兆的情况下，拓跋焘却突然撤军。这就让严阵以待的刘宋大惑不解，并认为拓跋焘一定是后院失火。

于是南方传言：魏太子拓跋晃谋反。

谋反的说法细节丰富言之凿凿。据说，当时拓跋焘得到情报，留守平城的太子图谋不轨。因此，他便在大宴群臣后立即撤兵，并在回国途中派人送信到平城，谎称皇帝已经驾崩。太子不知是计，匆匆赶来迎丧，结果在空空如也的灵柩前被捕，并被关进铁笼秘密处决。[19]

这个说法由于缺乏证据而不被《资治通鉴》采信，事实上它也疑点甚多。我们知道，皇太子拓跋晃到鲁口（今河北饶阳）迎驾是在二月二十日，官方宣布的死亡时间则是六月五日。当中这么长的时间都干什么去了？皇太子三四个月不露面，难道竟然无人置疑？

拓跋焘的态度也很怪异。如果太子谋反属实，他就应该庆幸，宗爱也不必紧张。就算谋反是冤案，也没有宗爱什么事，除非假情报是他发出的。但同样，他也早就该因为欺君之罪而被怒不可遏的太武帝碎尸万段。

然而这样的事情并没有发生。北魏宫廷只是匆忙埋葬了那位死得不明不白的太子，后来还追认他为皇帝。太武帝拓跋焘则既没有追究谎报军情的责任，也没有追查可能存在的谋反集团，只是想起儿子就泪流满面。

这哪里像是发生了谋反案？

看来事实可能是：皇帝和太子之间没有个人恩怨，也没有权力斗争，却存在政见分歧。这种分歧决定着帝国未来的走向，当然不能含糊。太武帝在东宫大开杀戒，就是为了剪除太子羽翼。区区宗爱，其实不足为道。

那么，他们的分歧又在哪里？

在宗教。

宗教是南北朝的大问题，牵涉到文化，也牵涉到政治，只能从长计议（详见本书第四章）。至于此刻的分歧，简单地说就是皇太子崇佛，太武帝灭佛。但这与信仰无关。实际上太子拓跋晃他们信佛，很大程度上在于释迦牟尼也是“胡人”，因此对佛教天然地抱有亲切感。

太武帝拓跋焘却并不认为自己是胡人。相反，他要做的是“中华皇帝”。或者说，是道教鼓吹的救世主“太平真君”。因此，他不能接受佛教，只能尊崇道教，因为道教才是中华本土的。拓跋焘甚至用“太平真君”四个字做了自己的年号，而且正是在他统一北方之后的第二年。[20]

拓跋焘之心昭然若揭。

然而奇怪的是，崇佛的拓跋太子受到打击，反佛的汉人崔浩也不得好死。崔浩是北魏的三朝元老，辅佐过拓跋珪、拓跋嗣和拓跋焘三代皇帝，拓跋氏的江山差不多有半个是他帮着打下来的。可惜他的结局却是满门抄斩，还连累三个姻亲一并灭族，这究竟又是为什么呢？

◎北魏太平真君四年祝文刻石拓片

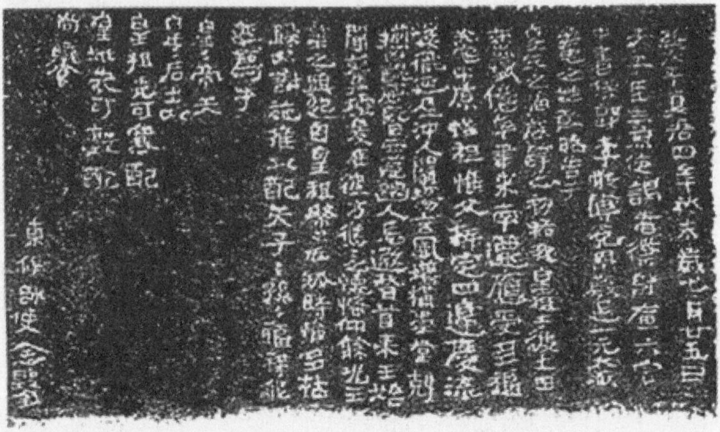

维太平真君四年癸未岁七月廿五日
天子臣焘使谒者仆射库六官
中书侍郎傅㝹用骏足一元大武
柔毛之牲敢昭告于
皇天之神启辟之初佑我皇祖于彼土田
历载亿年聿来南迁应受多福
光宅中原惟祖惟父拓定四边庆流
后胤延及冲人阐扬玄风增构崇堂剋
翦凶丑威暨四荒幽人忘暇稽首来王始
闻旧墟爰在彼方悠悠之怀希仰余光王
业之兴起自皇祖绵绵瓜瓞时惟多祜
归以谢施推以配天子子孙孙福禄永
延荐于
皇皇帝天
皇皇后土以
皇祖先可寒配
皇妣先可敦配
尚飨
东作师使念凿

转折关头

崔浩是由于撰写国史而死的。

此案发生在皇太子拓跋晃死前一年，但似乎与太子并无关系，尽管恃宠而骄的崔浩从来不把这个未来的皇帝放在眼里，两人的矛盾也是连南朝都知道的公开秘密。不过崔浩也好，太子也罢，都无法决定对方的命运。掌握着他们命运前途的仍然是太武帝，也只能是太武帝。[21]

那么，太武帝为什么要杀崔浩?

因为愤怒，因为失望，而拓跋焘对崔浩原本是寄予厚望的。在荡平了北方诸国之后，太武帝觉得伟大的北魏已经不能再没有一部国史。于是他给崔浩下达诏书，让他领衔完成这个任务。给出的指令是：务从实录。[22]

崔浩欣然命笔。

学富五车又历仕三朝的崔浩信心满满，然而这种自信心却让他身首异处。国史完成后，头脑发热的崔浩在他人怂恿下，竟将这部得意之作刻于石碑，耗资三百万做成方圆百步的碑林，任何人都可以前往观看阅读，等于是自作主张地公开发表了未经审阅的北魏国家史。

可惜崔浩并非生活在网络时代，动用国库经费建成的碑林也不该是他的自媒体。更何况崔浩为了彰显自己的职业道德和学术良心，对某些必须“为尊者讳”的故事一概秉笔直书。这就触动了鲜卑敏感的神经。要知道，作为曾经的野蛮人，他们的祖上可是并不怎么文雅的。

投诉信雪片般地飞到了御前。

太武帝勃然大怒。他万万没有想到，崔浩竟会如此辜负圣恩。修史诏书从“我太祖道武皇帝”说起，一直说到“岂朕一人获济于此”，意思难道还不清楚吗？务从实录是不要漏掉丰功伟绩，谁让你“肆意诽谤”来着？

是可忍孰不可忍，此人不杀又该杀谁？

崔浩血溅刑场。[23]

此案常常被看作胡汉矛盾冲突的典型，其实不然。崔浩之死应该有更深层次的原因，国史案不过是导火索。事实上太武帝对“诽谤”一事并未深究，参与撰写此书的汉人也并非全都被杀，比如高允就幸免于难。[24]

汉人高允是这部《国书》的主笔，也是皇太子拓跋晃的老师。因此案发之后，太子便把并不知情的老师请进东宫住下。第二天带他去见皇帝时，又特地交代高允：一会儿皇上问起来，我怎么说，老师就跟着怎么说。

高允问：什么事呀？

太子说：进去就知道了。

进殿以后，拓跋晃便极力为高允开脱。太子说：高允从来就小心谨慎，不敢自作主张。此番虽与崔浩同事，但崔浩专横跋扈，高允人微言轻，请皇上赦免其罪。

太武帝问高允：这部书都是崔浩写的吗？

高允回答：除了太祖那部分，都是臣与崔浩写的。不过崔浩只是总裁，著述方面臣多于浩。

太武帝大怒：高允罪过大多了，怎么能不杀？

拓跋晃忙说：天威严重，高允刚才是吓糊涂了。

太武帝问高允：真是太子说的那样吗？

高允却回答：不是的。臣以不才，谬参其事，罪该万死。太子殿下不过因为臣陪读东宫，想为臣讨一条小命罢了。皇上不问，臣不敢说。皇上垂问，臣也不敢糊涂。

太武帝大为感动。他回过头来对拓跋晃说：如此正直和诚信，岂是一般人做得到的？于是不但赦免高允，还让他担任专案组的组长，起草国史案的处分决定。

高允却迟迟不能下笔。

犹豫是可想而知的。因为按照有关部门的意见，自崔浩以下涉案人员一百二十八人，统统都要灭五族。于是，高允面见皇帝据理力争。高允直言：有没有漏网之鱼，臣不敢说；这么多人都判死刑，臣也不敢同意。

结果，高允救下了几千条人命。[25]

救人一命，胜造七级浮屠。功德无量的高允健康地活到九十八岁，五任皇帝都对他礼遇有加。国史案也好，太子党也罢，也都没对他造成任何影响。因为高允终其一生都坚守道德底线，甚至清贫到只有草屋数间咸菜几坛，让后来的文成皇帝拓跋濬（读如俊）感慨不已。[26]

道德，是可以超越民族界限的。

何况此时的民族关系已不同于前。崔浩的父亲崔宏是被拓跋珪抓来做官的，崔浩却为北魏殚精竭虑。实际上崔浩的问题不在于他有抵触情绪或敌对情绪，反倒在他太把北魏当成自己的国家。这就引起了那些真正主人即鲜卑贵族的反感。当反感找到突破口时，崔浩便不能不死。

没有证据显示，后来皇太子拓跋晃的去世，与崔浩之死有什么关系。但如此之多的奇案频频发生，则证明此时的北魏已经到了转折的关头。这个转变将因太武帝的被杀而减缓，直到一个神秘的女人再来启动新的程序。

这个女人就是冯太后。

跟太武帝拓跋焘一样，冯太后也一身是谜，只不过这些谜团同时伴随着绯闻。按照正史的记载，冯太后是文成皇帝拓跋濬的女人，十四岁进宫，两年后成为皇后，九年后成为太后。这时的她，只有二十五岁。[27]

二十五岁的冯太后表现出了奇特的爱情观。她先是跳进火里要为文成皇帝殉葬。被人救出当了太后，却又传出绯闻。结果是继位的献文皇帝拓跋弘忍无可忍，处死了她的两个情夫。作为报复，冯太后则毒死了这个皇帝。[28]

这里面的恩恩怨怨已经无法弄清。事实上，作为冯太后名义上的儿子，献文帝也可能是她的男人。因为按照鲜卑人“收继婚”的习俗（纳娶父亲去世后留下的不是生母的其他女人），献文帝是可以这样做的。甚至就连他的儿子孝文帝拓跋宏，也可能是他跟冯太后所生。[29]

如此说来，献文帝的杀人便可能是吃醋，冯太后的报复则难免“最毒妇人心”之嫌。

当然，不会有人追究。

但毫无疑问，冯太后是强悍的。作为皇太后和现任皇帝可能的情妇，她在献文帝继位的第二年（466）就以霹雳手段发动宫廷政变，杀死丞相，架空皇帝，迅速掌握了北魏政权。那时，她应该还没有怀孕。[30]

不过，这并不妨碍她跟皇帝会有一个孩子，也不妨碍她后来杀了那皇帝，如果这些猜测属实的话。

呵呵，冯太后可不是崔浩。

当然不是。事实上，除了拓跋宏出生前后的那些短暂的时间，冯太后都牢牢把握着权力。作为北燕王室的后裔，她似乎有着极高的政治天赋，可以在顷刻之间做出生杀予夺的决断，让许多男人望尘莫及。最后，心灰意懒的献文帝只好去做太上皇，尽管当时只有十八岁。

孝文帝拓跋宏继位，五岁。

这是北魏承明元年（476）的事。也就在这年，日耳曼雇佣军将领废掉了末代皇帝罗慕路斯·奥古斯都。西罗马帝国日落地中海，一个古老的文明就此谢幕。

北魏王朝却华丽转身。三十六岁的冯太后以太皇太后的名义临朝称制，开始了政治和社会的全面改革。这些改革将从根本上改变鲜卑和北魏。幸运的是，这不但是拓跋焘和崔浩的遗愿，也是冯太后和拓跋宏的共识。

全盘汉化

拓跋宏更像一个汉人。

这并不奇怪。无论拓跋宏是冯太后名义上的孙子，或者实际上的儿子，都是她一手抚养成人的。作为鲜卑化的汉人，冯太后理所当然地用汉文化的乳汁哺育了这个原本混血的孩子。因此冯太后去世后，拓跋宏不但继承了她的改革事业，还干脆把首都从平城迁到了洛阳。

不难想象，这件事阻力重重。

没有人会喜欢无缘无故地搬家，更何况迁都会损害不少人的既得利益。拓跋宏只好曲线救国，宣布要出兵讨伐南齐。为此，他装模作样进行了占卜，结果卜得革卦。故太子拓跋晃之孙任城王拓跋澄说：革就是革命。这是改朝换代的卦，不是讨伐逆贼的，不吉利。

拓跋宏说：卦辞称“大人虎变”，怎么不吉利？

任城王说：陛下早就是龙，为什么还要做虎？

拓跋宏大怒：国家是朕的，任城王想干什么？

任城王说：江山社稷当然是皇上的，但臣等也有做臣子的责任。陛下既然征求意见，臣当然要实话实说。

拓跋宏无奈，只好在散会后留下任城王说悄悄话，并告诉他自己的真实意图是要迁都。忠心耿耿的任城王恍然大悟，原来皇帝是要一统海内，这才选择了东周和东汉的京城作为帝都。于是立即转变立场，积极支持南征。

公元493年（北魏太和十七年），也就是东哥特人建国的那年，拓跋宏率领群臣和大军来到洛阳。当时正是农历九月，天降大雨不止，所有人都畏首畏尾不肯前进。拓跋宏却一身军装骑在马上，摆出了准备一个人南征的架势。

群臣齐刷刷地跪在了马前。

拓跋宏说：不想南征，那就迁都。

相对于迁都，鲜卑贵族更怕南征，只好妥协。

第二年，拓跋宏正式迁都洛阳。[31]

这是北魏王朝的第二次迁都。上一次迁都平城，他们彻底实现了从游牧部落到农业帝国的转变。那么，这一次迁都洛阳，意义又何在呢？

全盘汉化。

应该说，这正是冯太后要做的事情。只不过，她更侧重于政治体制和经济体制的改革，比如实行俸禄制（官僚制度改革）、三长制（基层政权改革）、均田制（土地制度改革）、租调制（税收制度改革）等等。这些制度创新，有的甚至来自她汉族情人李冲的建议。[32]

拓跋宏却还要进行社会改革。

实际上在与任城王谈话时，拓跋宏就说得很清楚：平城是用武之地，不是文治之都。后来，他又对一位鲜卑名士说：朕贵为天子富有四海，何必一定要住在中原？但子孙后代如果永在漠北，又怎么能有良好的教育环境？因此拓跋宏说，移风易俗，势在必行！[33]

只不过谁都没想到，他的力度会那么大。

改革是与迁都同步的。太和十八年（494）三月，北魏朝廷举行了最后一次迁都听证会。四月，祭天仪式和地点由鲜卑的西郊改为汉人的南郊。十月，太庙神主和皇帝先后启程。十二月，尚在迁都途中的拓跋宏颁布了社会改革的第一道诏令，禁止士农工商再穿鲜卑服装。[34]

鲜卑人大为不满。

不满是可想而知的，拓跋宏也明白只能循循善诱再加恩威并施。于是，次年（495）五月二十六日，已经到达洛阳的他跟群臣有了一次深入耐心而又惊心动魄的恳谈。

◎鲜卑南迁路线图

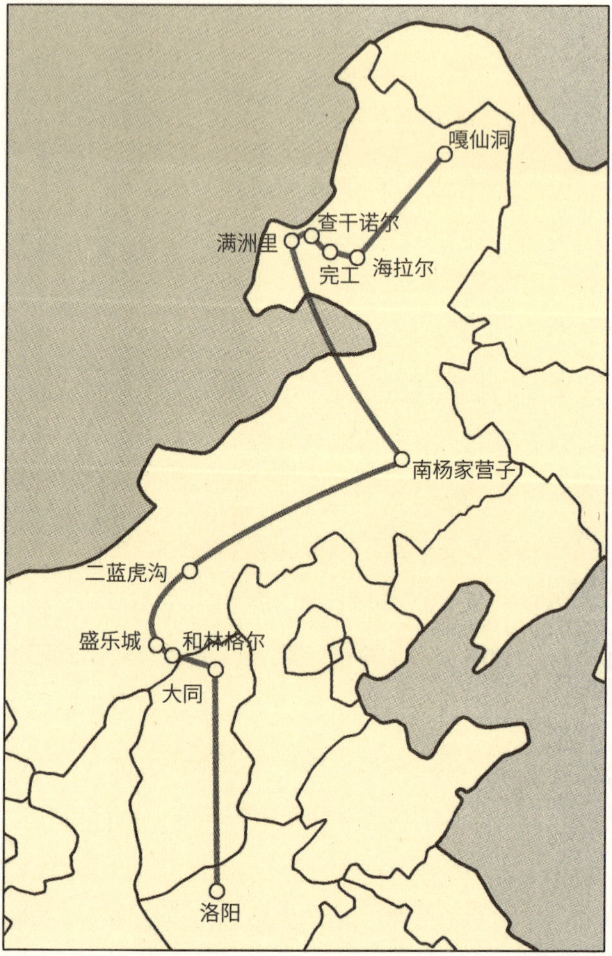

拓跋宏说：请问诸位的心愿，是希望朕和朕的国家能够超过商、周呢，还是比不上汉、晋？

群臣说：当然是超过前王。

拓跋宏又问：那么应该移风易俗呢，还是因循守旧？

群臣答：当然应该日新月异。

又问：只是朕一人刷新呢，还是子子孙孙？

答：当然要传之万代。

再问：这么说诸位不反对改革了？

众人异口同声：上令下行，谁敢反对！

于是拓跋宏说：名不正则言不顺。从今天起，朝堂之上禁止再说鲜卑话。三十岁以上的一时半会儿改不过来，可以从缓。三十岁以下的现任官员，如若胆敢违令，那就是明知故犯，必须撤职查办，诸位以为然否？

群臣说：谨奉圣旨！

拓跋宏又说：朕曾经跟李冲讨论过此事，李冲居然说四方之音无所谓谁是谁非。仅仅这一句他就该死！

李冲赶忙免冠磕头。

拓跋宏拿李冲开刀杀鸡儆猴，确实用心良苦。因为李冲是冯太后的情夫，又是汉人，还是改革派，而且一向为拓跋宏所敬重。如果李冲都该死，其他人呢？

当然都噤若寒蝉。

拓跋宏又责问宫官：朕已明令禁止胡服，但是宫中女人仍然夹领小袖，你们为什么阳奉阴违？

众人都磕起头来。

几天后，改革官方语言的诏令正式下达。

接下来就是一系列政策的出台。比方说，迁入内地的鲜卑人死后一律葬在洛阳，这就等于改变了籍贯；按照汉制使用长尺和大斗，这就改变了度量衡。然而，拓跋宏意犹未尽，他还要改变鲜卑人的姓氏，比如拓跋改成元，步六孤改成陆，等等。所改之姓，多达上百。[35]

下一步，是分定姓族。

姓族其实就是门第，或者说就是高门，只不过一等的叫姓，二等的叫族。姓族名单由官方严格审核，组织部门则按图索骥授予官职。姓族子弟天生就有做官特权，八姓更不得授予低级职位，跟东晋的“上品无寒门”一样。

显然，这是魏晋门阀制度的鲜卑化。这个制度一旦实行，鲜卑人便也就有了门第。结果是什么呢？是门当户对的胡汉两族可以通婚。事实上拓跋宏紧接着就下达了一纸诏书，命令他的六个弟弟娶汉人四大家族的女儿为妻。

皇族与汉族通婚，示范作用当然显著。当其他鲜卑人也纷纷效法时，民族融合就得到彻底实现。当然，是作为少数民族的鲜卑像盐一样溶化在汉民族的水中。

◎汉族鲜卑族服饰对比

汉　　　　鲜卑

汉族服饰特征为宽袍大袖，喜高冠长袍。鲜卑族喜窄袖且上衣下裳分开，具有鲜明的游牧民族服饰特征。

鲜卑武士

这两件武士俑所穿小袖服装是典型的鲜卑服饰，其中露右臂是鲜卑人的着装习俗，是这一时期鲜卑风尚依然存在的反映。

更何况，他们还都得着汉服，说汉语。

这可真是大混血。

混血是种族的，是文化的，也是政治的。实际上，姓族制度建立以后，士庶之别就取代了胡汉分野。民族界限模糊了，身份认同从族别变成了门第。鲜卑的豪门与汉人的望族共同组成统治阶级，下层则混为一谈。这正是当年崔浩的理想，拓跋宏则把它变成了现实。[36]

与此同时，洛阳也再度成为华夏文化的中心。拓跋宏迁都三十多年后，一位名叫陈庆之的南梁将领曾这样描述他亲赴洛阳的切身感受：我原本以为两京沦陷之后，长江以北便都变成了戎狄之乡。这次到洛阳，才知道衣冠人物尽在中原，根本不是我们江东可比的。[37]

拓跋宏成功了。他其实已是中华皇帝，虽然也只有半壁江山。但他开创了一种可能性，那就是由胡汉混血的北方来统一中国，从而创建新的中华文明。

这就是鲜卑人的历史功绩。

那么，原本代表华夏正宗的南朝又如何呢？

第三章

南朝试验田

有鉴于宋和齐改革东晋政治的失败，
梁武帝把自己打造成了道德楷模。
但他复兴国学、以德治国和推崇佛教的结果，
却是造成了更为可悲的悲剧。

短命鬼

如果要用一句话来概括南朝，那就只有四个字：乏善可陈。短短的一百六十九年间，居然换了四个朝代。其中年头最长的是刘宋，六十年。其次是南梁，五十六年。再次是陈，三十三年。最短是南齐，二十四年。

宋、齐、梁、陈，都是短命鬼。

王朝短命，皇帝亦然。在位时间最短的一个，居然只有一年。此外，在位两年、四年和八年的各三个，三年的七个，五年和六年的各一个。超过十年的只有五个，其中十二年的两个，十五年的一个。[1]

那么，在位时间长的又如何？

也不怎么样。梁武帝萧衍四十八年，宋文帝刘义隆三十年，在位时间都不短。但，梁武帝困死宫中，刘义隆则被自己的儿子谋杀。实际上南朝二十四帝，至少有十三个死于非命，凶手则从太子、宗室、权臣，到侍从、禁卫军、叛乱者、外敌和新皇帝，形形色色不一而足。[2]

这很值得琢磨。

当然，宋、齐、梁、陈的情况也不尽相同。刘宋皇帝共八个，不得好死的竟有五个；南齐皇帝七个，死于非命的有四个，都超过半数。最惨的是南梁，四个皇帝全都不能寿终正寝。而且，这三个朝代被杀的皇帝，竟有六个是未成年人，其中年龄最大的十七岁，最小的只有十三岁。[3]

情况最好的是陈。包括亡国之君陈叔宝，也都没有被谋杀，他甚至活到了隋炀帝迁都洛阳那年。不过，陈朝五帝中仍有一个是被废掉的，而且，被废一年半以后就神秘地去世，年龄只有十九岁，难道不可疑吗？[4]

更何况，陈实在不好意思再叫做朝。当他们接受禅让建国时，南梁的国土已经大面积沦丧，陈朝也只能龟缩在东南一隅等着隋来灭亡，尽管他们曾经也想振作一番。可惜，无可奈何花落去，好景不再来。

其实宋、齐、梁、陈的开国皇帝都是有为之君，也都开创过新气象，因此宋有元嘉之治，齐有永明之治，梁有天监之治。但无一例外，紧接着都是大乱，然后则是亡国。一部南朝史，几乎就是治乱循环史。

这就与北魏大不相同。

北魏也乱，十四个皇帝有九个非正常死亡。但北魏动乱的结果是前进，是由蛮夷之邦变成了中华帝国。南朝却早就丧失了中华帝国的意识和气度，更没有东晋那样中央政府的名分，只不过庞大的诸侯王国而已。[5]

结果是什么呢?

是就连汉化了的胡人也看他们不起。在北魏的官方史书中，东晋是被称为“僭晋”的，刘宋、南齐和南梁则被称为“岛夷”。也就是说，晋代表华夏正宗不成问题，只不过东晋政权的合法性可疑。之后的南朝则连冒充中华的资格都没有，只能算作蛮夷，还是小蛮夷。[6]

这可真是莫大的讽刺。

于是我们要问：南朝的存在也有历史意义和文化价值吗? 如果有，又是什么呢?

充当中华文明的试验田。

实际上，一向被许多人忽视的南北朝恰恰是中华历史的一个转折点。北方和南方都在进行各种探索和实验，只不过北方更多地提供了成功经验，南方却在试错。然而试错同样是有意义的。事实上，正是由于有北方的经验和南方的教训，后来的隋唐才能实现大变革。

在历史问题上，不能以成败论英雄。

那么，南朝的实验又是什么？

改革东晋的政治。

我们知道，东晋的政权是士族的，政治是门阀的。然而南朝的开国之君宋武帝刘裕、齐高帝萧道成、梁武帝萧衍和陈武帝陈霸先，却都是寒门素族和行伍出身。这就跟晋武帝以儒生和名士自居大相径庭，也必然导致政权内部士族与庶族、文官政府与军人政权的矛盾。

南朝之乱，主要原因在这里。

问题是，士族的政权，为什么会落到军人手里？

因为士族越来越懒惰和无能。按照门阀制度，那些名门望族的子弟天生就有做官和免税的特权，法律和制度保证了他们可以不劳而获。因此，这些家伙从小就锦衣玉食游手好闲，只知道峨冠博带高谈阔论，或者涂脂抹粉顾影自怜，地地道道的饱食终日无所用心。

这是一些寄生虫。

寄生虫是不会有上进心和创造力的，也不会有责任感和使命感。养尊处优的世家子弟们甚至把官职分成了清浊两种。只不过，清官的意思不是清廉，而是清闲。因此与“清官”相对应的也不是“贪官”，而是“浊官”。

浊官的职责是处理具体事务，比如税收和诉讼。这些俗务烦杂、琐碎而劳碌，寄生虫们根本就不愿意去做。久而久之，他们就变成这样：居承平之世，不知有丧乱之祸；处庙堂之下，不知有战阵之急；保俸禄之资，不知有耕稼之苦；肆吏民之上，不知有劳役之勤。[7]

这是一群窝囊废。

窝囊废和寄生虫，能保家卫国吗？不能。能安邦定国吗？也不能。能从蛮族手里收复中原吗？更不能。

于是，寒门素族有了机会。

机会是名门望族让出来的，尤其是既辛苦又有危险的军职。这就给了底层平民一个进身之阶，宋的开国皇帝刘裕则正好抓住了机会和机遇。而且自从刘裕成功，寒门子弟便形成了一个共识：要想出人头地，就去当兵。

南朝都是军政府，并不奇怪。

不过刘裕能够成功，又与东晋的国情有关。东晋其实是没有中央军的，事实上也不可能有。琅邪王司马睿建立的政权是一个流亡政府，哪能真以中央的名义一统江山号令天下（请参看本中华史第十一卷《魏晋风度》）？

举足轻重的，是北府和西府。

北府和西府都是军事集团，组成部分主要是躲避战乱的南下流民，性质则介于官军和民兵之间。由于驻军地点分别在东晋首都建康以北和以西，所以叫北府和西府，也叫徐州北府和豫州西府（或荆州西府）。[8]

刘裕改朝换代，依靠的就是北府。

这也并不奇怪。事实上，两府统帅虽然名义上都是朝廷命官，手下的兵丁和将领却由自己招募。因此，统帅如果对王朝忠心耿耿，他们就是东晋国军，比如淝水之战时谢玄指挥的北府兵。相反，如果统帅别有用心，他掌握的武装力量就不会被用来保卫王室，而是颠覆政权了。

桓温指挥的西府兵，就是这样。

因此，东晋王室和朝廷对两府充满纠结。他们既希望有人为自己平息内乱抵御外敌，又害怕后者一旦成功便尾大不掉。这些家伙的如意算盘是：两府不用帝国劳心费力养兵千日，却能完全服从中央指挥驰骋沙场，还不至于因为做大做强而危及王朝和政权的稳定。

可惜天底下从来就没有这么便宜的好事。机关算尽的结果，是收复中原的机会一次又一次地丧失，篡位夺权的事情则一次又一次地发生。只不过前几次功败垂成，刘裕则成功了。他不但终结了东晋，也终结了士族。

那就来看刘裕。

时势不再造英雄

刘裕的崛起，是因为孙恩之乱。

这样的内乱在东晋并非第一次，也不是最后一次，之前已有王敦之乱（322）、苏峻之乱（327），之后则有桓玄之乱（402）、卢循之乱（410）。乱世出英雄。北府的先驱郗鉴军团，西府的前身陶侃部队，就是在平定苏峻之乱时脱颖而出，使自己成为影响历史之力量的。

现在轮到刘裕。

公元399年，也就是北魏国王拓跋珪迁都平城并且称帝的第二年，孙恩之乱起。孙恩号称道教徒，其实是邪教组织和恐怖组织头目。在他的蛊惑和挟持下，数万民众倾家破产抛妻别子，甚至杀死被认为是累赘的婴儿，跟着他攻城略地杀人放火，一时间竟风起云涌。[9]

东晋政权的腐朽，世家子弟的无能，则在这场动乱中暴露无遗。孙恩起事时，会稽郡长官王凝之（王羲之次子）既不出兵也不防备，天天在密室里祈祷，还宣称请到了鬼兵数万把守要津。结果如何呢？城破被杀。[10]

难怪他的妻子谢道韫，死都看不起他。[11]

受命于危难之际的是北府，扭转战局的则是刘裕。尽管当时他只是北府小小的参军，却让貌似强大的孙恩一再溃败终至灭亡。这说明孙恩的邪教组织不过乌合之众，更说明东晋政权已病入膏肓。他们能躲过一劫，靠的竟是这位出身寒门的下级军官，堪称命悬一线。

然而东晋的无可救药却一再显示出来。实际上，孙恩之乱断断续续地拖延了两年多时间，并未居安的执政者却竟然毫不思危，反倒一如既往地骄奢淫逸。这些家伙除了勾心斗角，便是纸醉金迷，简直就是自取灭亡。

结果，孙恩还没死，桓玄就来了。

桓玄是桓温的小儿子，而桓温原本是要篡晋的，只是由于谢安等人的阻挠未能得逞，这一遗愿便只好由桓玄来完成（请参看本中华史第十一卷《魏晋风度》）。桓玄名为西府督帅，坐镇荆州，却其实占有了晋的三分之二。他与朝廷翻脸，皇室能够指望的就只有北府。

北府却倒向了桓玄。

倒戈是有原因的。之前，北府的督帅历来都由门阀士族担任，这时却已经换成行伍出身的刘牢之。刘牢之一生戎马为国驰驱，功勋显赫却并无政治头脑。当时，刘裕等人都极力反对勾结桓玄，刘牢之却大发脾气说：消灭桓玄易如反掌，但之后朝廷那帮家伙还容得下我吗？

原来，他更害怕功高震主。

这就是糊涂了。实际上当时的情况，是桓玄来势汹汹却没有名分，晋室正当防卫又力量不足，因此双方都要借重北府军，拉拢刘牢之。刘牢之如果有政治远见，历史就会是另一个样子。可惜他没有。[12]

看来，士族固然腐朽，武夫也未必中用。

收降了北府的桓玄却如虎添翼。他顺顺当当地接管了东晋朝廷，消灭政敌之后又要解除刘牢之的兵权。始料未及的刘牢之惊慌失措，决定前往广陵（今江苏扬州）起兵讨伐桓玄，问刘裕愿不愿意一起去。

刘裕断然拒绝。

已经在战乱中成长起来的刘裕直言相告：将军以劲旅数万望风而降，桓玄以新得之志威震天下，人心都已离开将军到桓玄那里去了，请问将军还到得了广陵吗？刘裕无法再追随将军，只能回京口（今江苏镇江）去。[13]

京口是北府的大本营。

当然，只有一江之隔的广陵也是北府的根据地，可惜却是老根据地。当年北府从那里移镇京口，就因为京口与建康并无大江阻隔，又能与广陵隔岸呼应。也就是说，刘裕要回的京口比牢之要去的广陵离桓玄更近，他们一个是迎难而上，另一个却其实是逃之夭夭。[14]

两种选择，高下立判。

刘牢之却不死心，又召集手下将领开会，没想到将领们一哄而散。众叛亲离的刘牢之只好北上，但刚刚离开建康就吓得自缢身亡，后来还被桓玄开棺戮尸。他的儿子则连哭丧都来不及，北上投降了鲜卑人的南燕。[15]

追随刘裕的是何无忌。

何无忌是刘牢之的外甥，也是刘裕的老朋友。牢之与刘裕分道扬镳，无忌左右为难。刘裕则态度明朗地对他说：跟我一起去京口吧！桓玄如果是忠臣，你我就共同辅佐他；不然，就干掉他！[16]

结果，桓玄果然被干掉。

跟孙恩一样，桓玄的兴起和灭亡都很迅速。从进入建康到兵败被杀，他一共只折腾了二十六个月，重要原因之一则是他冒天下之大不韪悍然称帝。元兴二年（403）十二月，桓玄逼晋安帝禅让，改国号为楚。于是，早就想消灭他的刘裕，便有了正当理由和强硬口实。[17]

三个月后，刘裕起兵。[18]

很难说刘裕的初衷是为了兴复东晋王室，还是实现个人野心，或者是为刘牢之报仇，但双方力量对比之悬殊却毋庸置疑。当时，北府将领大多被害，北府军也实际上不复存在，刘裕率领的联军其实只有一千七百人。靠这么一点兵力就去进攻桓玄，简直无异于以卵击石。[19]

然而双方的斗志也不可同日而语。手持长刀的刘裕身先士卒冲在最前面，敌营两员大将都死在他的刀下。与之相反，桓玄却闻风丧胆不战而走。当时一个部下拉住他的马笼头，请求与刘裕一战。桓玄只是用鞭指了指天，便急不择路地狼狈逃窜，他的结局其实已无悬念。[20]

次年（404）五月，桓玄被杀。

此后的历史就由刘裕来书写了，选择的路线则与当年的桓温神似，那就是先建功立业，再篡位称帝。于是短短十几年间，他先后灭南燕（410），灭西蜀（413），灭后秦（417），将东晋的王旗重新插到了长安城头。

这时就连北方的胡人，也知道刘裕下一步要干什么会干什么。匈奴胡夏国王兴奋地说：我看刘裕一定得胜，之后一定回朝，关中就是我的了。崔浩则对北魏皇帝说：王猛是苻坚的管仲，刘裕是晋室的曹操。灭秦之后他一定会回去篡位，秦国的地盘迟早是我们大魏的。[21]

刘裕之心，一如当年的司马昭。

套路也是一样的：先是封宋公，后是封宋王。这时距离成为宋帝，已只有一步之遥，刘裕却说不出口。他只好在寿阳（今安徽寿县）王宫装模作样宴请百官，宣称自己应该功成身退，准备交还爵位，养老京师了。

众人没听出言外之意，一片歌功颂德，只有一个名叫傅亮的高级官员出门以后才恍然大悟。他立即回过身去敲门求见，刘裕的宫门也应声而开。

傅亮进门就说：臣最好先回建康。

刘裕也不多说，只问：需要多少人送你？

傅亮说：几十个足够。

回到京城的傅亮很快就做了安排，甚至起草了禅位诏书让晋恭帝照抄，恭帝竟也欣然命笔。他对身边人说：桓玄之后，我晋朝就已经亡了，只是靠着宋王才又延续了近二十年。今日之事，朕心甘情愿。

公元420年六月，刘裕即皇帝位，国号宋。[22]

南朝开始了。

同室操戈

刘裕的成功值得深思。

谁都知道，刘裕并非篡晋第一人。之前的王敦和桓温条件都比他好，却都功败垂成抱憾终生，桓玄甚至还把自己弄成了过街老鼠。然而出身寒微的刘裕，却成功地崛起于草莽之中，称帝于动乱之后，这又是为什么呢？

时势，还有政治。

如果说三国是英雄的时代，魏晋是士族的舞台，那么到了晋末，时势就不再造英雄，士族也不再成气候。英雄谢幕，登台的就有可能是混混；士族下课，得势的就有可能是流氓。因此刘裕的宋，包括之后的齐和梁，就注定命运多舛充满血腥，谋杀案也接二连三地不断上演。

杀戮从建国之初就开始了。

第一个被杀的是晋恭帝，时间在禅让一年半以后。他是晋、宋、齐、梁四个逊位皇帝中活得最久的，但这绝非因为刘裕心慈手软，而是恭帝防范甚严。他每天都跟自己的皇后共处一室，饮食也都由她亲手烹制于床前。这位可怜兮兮的前任皇帝，其实已生不如死。

刘裕却不想再等下去。他设法让皇后的两个哥哥把皇后调开，杀手则翻墙而入送去了毒药。当恭帝声称佛教徒自杀便不能转世为人时，这些人用被子闷死了他。[23]

接下来被杀的是刘裕自己的儿子少帝刘义符。这位年轻的皇帝是在正常接班两年后，被刘裕生前指定的顾命大臣徐羡之、傅亮等人废掉并杀掉的，时年十九岁。同时被杀的还有他的弟弟庐陵王刘义真，十八岁。结果是刘裕的第三个儿子宜都王刘义隆继承了皇位，是为宋文帝。[24]

发动政变的徐羡之和傅亮却没有好下场。拥立刘义隆为帝时，徐羡之问傅亮：宜都王可以跟谁相比？

傅亮说：超过晋文帝（司马昭）。

徐羡之说：那就应该知道我们的赤胆忠心。

傅亮却说：未必。

果然，一年多以后，刘义隆下诏，以谋杀罪判处徐羡之和傅亮死刑，于是徐羡之自杀，傅亮被捕。读完刘义隆的诏书，傅亮说了八个字：欲加之罪，何患无辞。[25]

拥立了两代皇帝的傅亮，兔死狗烹。

让位给刘裕的晋恭帝死了，刘裕的儿子刘义符和刘义真死了，杀死刘义符和刘义真的徐羡之和傅亮也死了，现在轮到当了三十年皇帝的刘义隆。

宋文帝刘义隆当然是一代雄主，元嘉之治就是在他手里实现的。他甚至发动了北伐战争，试图从北魏手中夺回中原失地。可惜他遇到的对手是太武帝拓跋焘，结果是北魏的大军势如破竹地杀到了长江边。如果不是后来拓跋焘突然撤军，刘宋几近不保（请参看本书第二章）。

刘义隆躲过了拓跋焘的兵锋，却死在儿子的刀下。拓跋焘被宦官谋杀的第二年（453），宋太子刘劭发动了兵变。当时刘义隆正与心腹大臣密谋废黜太子，谈话通宵达旦。太子兵入宫中时，刘义隆猝不及防举起几案自卫，结果十指全被砍断，最后倒地身亡，时年四十七岁。

前一年被杀的拓跋焘，四十五岁。

想来当时宫中的气氛一定十分紧张。刘义隆与心腹大臣密谋时，谈话前总要让这个人举着蜡烛四处检查，唯恐有人窃听。然而泄密的却恰恰是他自己。不知为什么，刘义隆把废黜太子的想法告诉了潘淑妃，潘淑妃又告诉了自己的儿子刘濬。刘濬原本就是刘劭同伙，当然要通风报信，走投无路的太子刘劭也只好铤而走险。[26]

谋杀了父皇的刘劭同样紧张。他匆匆忙忙宣布即皇帝位后，便躲进宫中不敢出来，就连晚上睡觉都刀不离手，床边则点着一排又一排的灯。刘劭心里很清楚，他的政变并不得人心，何况外面还有个三弟武陵王刘骏。作为江州刺史，刘骏手中可是有兵权的。[27]

刘劭决定杀了刘骏。

但让刘劭万万没有想到的是，他派去宣判刘骏死刑的官员反戈一击倒向了刘骏，内战也随之全面展开，而且很快就决出胜负。刘骏成为宋室新主人，是为孝武帝。刘劭和刘濬则成为刀下之鬼，并以凶手的身份载入史册。

有些细节很值得玩味。

刘劭是躲进井里后被抓住的，刘濬则在逃亡的路上向叔叔江夏王刘义恭投降。被俘的刘劭完全没有了皇帝的尊严和架子，他甚至谦恭地问：天子在哪里？

抓他的人答：就在附近。

刘劭问：可以代为启奏，只判我流放吗？

答：皇上自有处分。

刘劭只好听天由命。

与刘劭不同，刘濬倒是没有称弟弟为天子，他使用的称谓是刘骏的官职南中郎将，自称则用小名虎头。看来，刘濬仍寄希望于骨肉亲情，幻想弟弟会网开一面。

刘濬问他叔叔：南中郎此刻在做什么？

江夏王答：君临天下。

刘濬又问：虎头是不是来晚了？

江夏王答：恐怕太晚。

刘濬又问：总不至于会死吧？

江夏王答：可以先去请罪。

刘濬再问：能给个一官半职，让我戴罪立功不？

江夏王答：那就不知道了。

事实上新皇帝根本没打算给他两个哥哥活路，就连嫂子和侄儿也被斩尽杀绝，骨灰则被扔进了长江。据说，临刑前刘劭的殷皇后曾愤愤不平地质问执法官：他们刘家人骨肉相残，为什么要祸及无辜？

执法官答：当了皇后，怎么能说无辜？

殷皇后说：早知道让别人当。[28]

可惜这并由不得她，也由不得别人，猜忌和戾气则像病毒一样在刘宋扩散。孝武帝刘骏，前废帝刘子业，明皇帝刘荀彧，后废帝刘昱，个个都是杀人狂，宗室的叛乱也此起彼伏。开国皇帝刘裕的九个儿子，四十多个孙子，六七十个曾孙，死于非命的竟达十之七八。[29]

鹬蚌相争渔翁得利，刘宋的政权终于落到了一个不怎么被猜忌的普通将领萧道成手里。公元479年，也就是北魏冯太后开始政改和西罗马帝国灭亡的三年后，顺帝刘准被迫禅让。萧道成称帝，改国号为齐，是为南齐。

退位的顺帝则在第二个月被杀，这是他被迫让位之时就已经料到的。小皇帝当时最多只有十三岁，却很清楚让出皇位会是什么结果。因此举行典礼那天，他躲进佛堂的宝盖之下死活不肯露面。被硬拖出来后，这个身不由己的孩子抹着眼泪说：但愿来世不要生在帝王家。[30]

当然，这也由不得他。

齐高帝萧道成倒是吸取了教训，他和儿子齐武帝都能善待宗室，南齐也有了永明之治。但从齐明帝起，噩梦又开始了。前任皇帝和宗室诸王都被他屠杀，结果南齐只存在了二十四年，就被南梁取代。

颠覆南齐的是梁武帝萧衍，让出皇位的则是齐明帝的第八个儿子和帝萧宝融。当月，这位十五岁的小皇帝拒绝了让他吞金自杀的方案，要来好酒喝得沉醉不醒，任由萧衍派来的杀手用某种方式把自己送上西天。[31]

梁武帝非常满意。他当然想不到，四十七年后自己也会死于非命，而且死得更窝囊。

梁武帝之死

梁武帝是被活活气死的。

这一天是太清三年（549）五月初二。此刻的萧衍实际上已是被软禁在宫中受人慢待的病夫。夏季的建康烈日炎炎酷暑难当，躺在病榻上的他很想喝一口蜂蜜水，却是求之不得。于是，在“嗬嗬”地叫了两声之后，八十六岁高龄的梁武帝孤独而凄凉地离开了人间。

皇太子闻讯泪流满面，却不敢哭出一声。[32]

没错，萧衍父子都是体面的囚徒。他们除了依然保留着皇帝和太子的名分，其实手无寸铁，身无分文。

掌握他们命运的，是侯景。

侯景原本是从北方叛逃到南朝的。此前，立国一百五十年的北魏，已经像罗马帝国一样分裂为东西两半。西魏都长安，实际掌权者为汉化的鲜卑人宇文泰。东魏都邺城（今河北临漳），实际掌权者为鲜卑化的汉人高欢。

当然，两魏名义上还是鲜卑拓跋的政权。

鲜卑化的羯人侯景则曾是高欢的部下，但在高欢去世后与继承人高澄翻脸，于是，携黄河以南十三州土地向梁武帝投诚。梁武帝以为这是天上掉下来的馅饼，却没想到西魏趁火打劫占了侯景的地盘，南梁的援军则被东魏打得落花流水。出于无奈，梁武帝只好与东魏议和。

条件，当然是交出侯景。

这就等于把侯景逼入了死角。与此同时，侯景也看透了南梁的腐朽无能。反正只有死路一条的他调转枪头对建康发动突然袭击，像西哥特人和汪达尔人洗劫罗马一样攻陷并血洗了南梁的首都，最后又攻进了台城。

台城位于今天南京市的玄武区，在东晋和南朝是皇宫与政府的所在地，也是首都建康的城中之城。由于当时的中央政府叫尚书台，所以叫台城。也就是说，当时南梁的首都外围是京城，中心是台城。建康城破，中央政府还在。台城一旦失守，皇帝和太子就只能束手就擒。

侯景与梁武帝终于见面。

不过，这场战争毕竟不是两国交兵。侯景并不认为他是叛乱，梁武帝也不认为自己是败军之将和亡国之君。因此他们的见面依然遵守君臣之礼，侯景甚至表示自己是受奸臣迫害，不得已才惊动圣躬，此刻特地前来请罪。

他的身后，则站了五百个披甲的卫士。

实际上已经成为战俘的梁武帝倒是从容镇定。他十分平淡地说：爱卿久在军中，一路辛苦了！

侯景竟汗流浃背，不敢仰视。

于是梁武帝问：你是哪里人？为什么胆敢如此？你的老婆孩子还在北方吗？

侯景又不敢应对。

旁边的人只好替他回答：臣侯景全家老小都被高澄屠杀已尽，只能只身一人归顺陛下。

梁武帝便问：初渡江时，你有多少人？

侯景答：一千。

梁武帝又问：围台城时，又有多少人？

侯景答：十万。

梁武帝再问：现在多少？

侯景答：率土之滨，都是我的人。

梁武帝低下了头。[33]

这实在是极具戏剧性，而且这种戏剧性其实是历史本身的。是啊，走投无路的侯景以区区千人渡江，不过乌合之众亡命之徒，怎么就一举颠覆了一个王朝呢？

直接的原因是有内奸。

内奸叫萧正德。他是梁武帝的侄儿，也曾经一度是他的养子。梁武帝自己有了儿子以后，萧正德也就失去了做太子的可能，因此怀恨在心。也因此，当侯景许诺拥立他当南梁皇帝时，他打开了建康的城门。[34]

但这只是原因之一。事实上从侯景起兵到台城陷落，前后有半年之久。这么长的时间，京都被围，两宫（皇帝和太子）被困，难道就没人出手救援？[35]

当然有。邵陵王萧纶（梁武帝六子）、湘东王萧绎（梁武帝七子）、司州刺史柳仲礼等人，都曾率军前来勤王。然而怎么样呢？不是止步不前，就是隔岸观火。甚至当城中饿殍遍地时，他们还在城外搂着妓女喝花酒。

这就让很多人看不下去，却没有人能动员他们。邵陵王萧纶固然不听他人劝说，柳仲礼则连父亲柳津的话也不肯听。当时，困在台城的柳津登上城楼向儿子喊话：君父在难而见死不救，子孙后代会怎么看你？

柳仲礼竟不为所动。

无可奈何的柳津回到了宫中。他悲愤满腔地对问计于自己的梁武帝说：陛下有邵陵王，老臣有柳仲礼，全都不忠不孝，反贼又哪里能够平定？[36]

也只能指望台城的守将了。

◎梁都建康城平面图

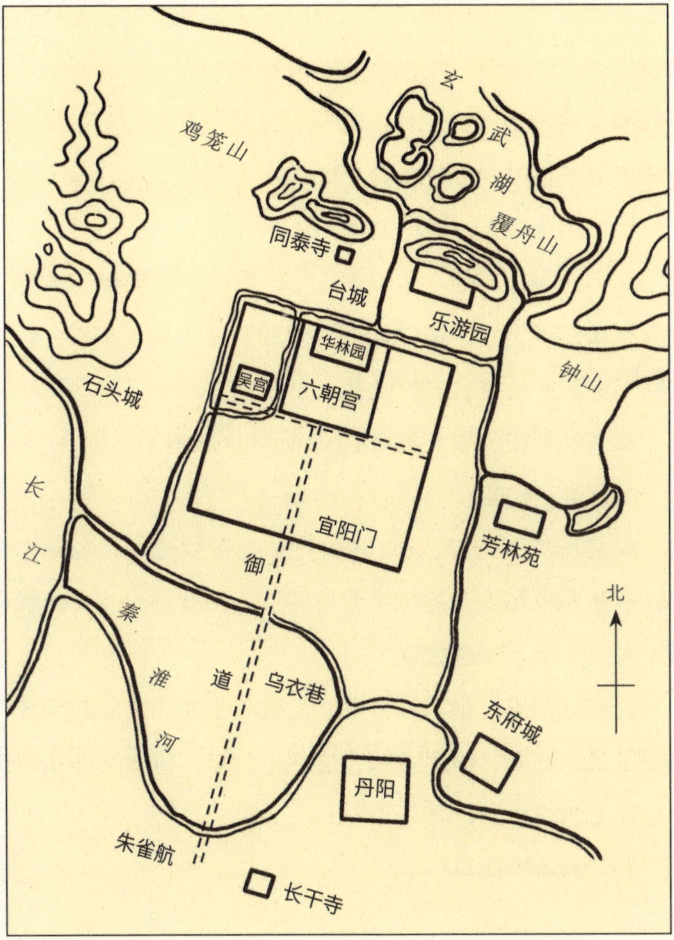

作为孙吴、东晋、刘宋、萧齐、萧梁、陈朝六代都城，建康是当时世界上最大的城市之一，也是第一个人口超过百万的城市。

守城的主将萧坚是邵陵王萧纶的世子（王储），然而这位侯爷却是典型的酒囊饭袋。当时侯景掘开了玄武湖引水灌城昼夜攻战，身负重任的他却只知酗酒，完全不理军务，也不知道奖励将士抚恤百姓。结果，忍无可忍的部下在黎明时分放下绳子，把侯景的人引入城中。

台城因此失守，萧坚也掉了脑袋。

乱兵入城，其他人也顶不住了。萧坚的弟弟萧确倒是有胆有识敢作敢为，可惜就连奋力作战的他也败下阵来，只好跑回宫中报告台城沦陷的消息。

梁武帝躺在卧榻上淡定地问：还能一战吗？

萧确说：不能。

梁武帝叹了一口气说：那好吧！你赶快出城，告诉你父亲，不要为我和太子担忧。大梁的江山由我得来，又由我自己失去，没什么可遗憾的。[37]

也许这是真心话。也许吧，也许。毕竟，之前的南齐只存在了二十四年，梁武帝却在位四十八年，执政的年头是整个南齐王朝的两倍，确实可以死而无憾。

但，果真如此吗？

只有更糟

梁武帝肯定死不瞑目。

不能说梁武帝是无道昏君。是的，他勤政，十冬腊月都是天不亮就起床办公。他朴素，不饮酒，不食肉，每天只吃一餐饭，还是素菜。他节俭，一顶帽子戴三年，一条被子盖两年。他谦恭，对待宦官都彬彬有礼。他克制，五十岁以后就不过性生活，简直就是苦行僧。[38]

历史上，有这样苦哈哈的好皇帝吗？

没有。

梁武帝甚至也是仁君。普通民众犯了死罪，他总要痛哭一场才下令行刑；王公贵族横行不法，更只是叫来哭骂一顿就算了事。比如萧正德，是曾经叛逃到北魏的。但当他又逃回来时，等待他的仍然是西丰侯的爵位。

这哪里是皇帝，简直就是菩萨。

然而萧正德对梁武帝的回报，却是既要他的官位也要他的命。台城被攻破后，萧正德最想要做的第一件事，就是亲自拿刀去杀了梁武帝和皇太子。如果不是侯景提前派兵守住宫门，这两个人早就没命了。[39]

问题在于，萧正德固然禽兽不如，其他人也好不到哪里去。侯景攻入台城后，号称前来救驾的联军立即就地自动解散，总司令柳仲礼还投降了侯景。进入台城后，他甚至先拜侯景后见皇帝，气得他父亲失声痛哭说：你不是我的儿子！你不是我的儿子！何必劳驾来见我！[40]

这一切，梁武帝可曾想到？

当然想不到。

梁武帝其实是很希望长治久安的。而且，由于亲历了宋与齐、齐与梁两次改朝换代，他的治国格外用心。就连姑息纵容萧正德这样的败类，也是为了避免重蹈前朝祸起萧墙的覆辙。至少，他本不想把事情弄得一团糟。

结果却是更糟。

更糟是肯定的。实际上台城被围时，各路诸侯之所以按兵不动作壁上观，就是想借刀杀人，听任侯景与梁武帝和皇太子龙争虎斗，两败俱伤后再来坐收渔翁之利。很清楚，他们心里根本就没有皇上和父亲。

所以，台城刚刚沦陷，他们就一哄而散；武帝尸骨未寒，他们就手足相残。这其实是重演宋和齐的悲剧，但等而下之的是还要引狼入室里通外国。萧正德投靠侯景，武帝的孙子萧詧（同察）投靠西魏，萧纶投靠取代了东魏的北齐，萧绎则既投靠西魏又投靠北齐。

于是，就在南梁封侯景为汉王的同时（550），北齐和西魏分别封萧纶和萧詧为梁王。第二年，北齐又封萧绎为梁相国。也就是说，为了消灭竞争对手，武帝的子孙纷纷向北方“夷狄”俯首称臣，把自己变成了卖国贼。

南梁也终于灭亡。

实际上武帝一死，南梁就亡了。后来的简文帝其实是侯景的傀儡，梁元帝其实是割据的诸侯，梁敬帝则不过建立陈朝的跳板。时机一到，陈霸先就逼他禅让了。换句话说，南梁其实只有一个皇帝，寿命只有四十八年，跟宋和齐一样并没跳出改朝换代和治乱循环的怪圈。

这当然值得反思。

反思从刘裕就开始了。刘裕是以寒门和军人的身份推翻士族阶级之东晋的，因此他为自己的新政权确定了三条原则：皇权必须加强，天下不可共治，士族应该下课。也因此，宋、齐两朝都大量起用寒门庶族担任中央要职，地方军事重镇和军政大权则交给封为藩王的皇族。

也就是说，寒门掌机要，军权托宗室。[41]

结果怎么样呢？

同室操戈，内乱频起，一朝倾覆。

吸取了前朝教训的梁武帝开始调整政策。一方面，他恢复了士族的社会地位，吏部甚至按照《百家谱》记载的郡望门第给高级士族授予高级官位。另一方面，具有工作能力的寒门庶族仍被任用，以便处理实际政务。宗室诸侯更是地方实权派，不像在宋、齐那样受人监视。[42]

梁武帝认为，这样就能摆平皇族、士族和庶族三方面关系，从而实现政治势力的均衡和制衡。如果更理想一点，这三股力量还能作为三根支柱支撑起帝国的大厦。

可惜他落空了。

首先，士族在东晋末年已经变成腐朽的阶级，此后又遭受了宋、齐两朝八十多年的遏制，怎么可能重振魏晋时期的雄风？他们像出土文物一样被挖出来，恐怕只能腐朽得更快。五谷不分如建康令王复，甚至连马都不认识，一口咬定那是老虎。靠他们保家卫国，岂非天方夜谭？[43]

皇族也不争气，一个个外战外行内战内行，穷奢极欲贪得无厌，为非作歹不知廉耻。梁武帝的六弟、萧正德的父亲萧宏，甚至与武帝的女儿也就是自己的侄女通奸，还密谋篡夺皇位。这样的人，哪里靠得住？[44]

能依靠的，只有庶族。

但，且不说庶族本身良莠不齐，就算清一色都是君子也很难获得社会认可。毕竟，门阀制度在魏晋已经实行了一百多年，这个百足之虫可是死而不僵。现在，梁武帝又老调重弹，庶族怎么可能成为中坚力量?

更重要的是，从汉末开始，华人社会就没有了核心价值，只剩下门第观念（请参看本中华史第十一卷《魏晋风度》）。如果连这也被废除，请问拿什么填补空白?[45]

梁武帝想到了这一点。

他的办法是九个字：兴国学，行德治，崇佛教。

国学在南梁其实就是儒学，或太学，武帝的创新则是为儒家五经设立五馆。五馆是五经博士讲课的地方，也是候补官员考试的地方。任何人只要通过考试，就有可能获得官职，而无论出身如何。事实上，由于五馆生员以寒门子弟为主，因此它其实就是隋唐科举制度的前身。[46]

这大约是萧衍政治中最可圈可点的。

然而他的以德治国却是一败涂地。比如萧宏，曾经被人举报家有库房百间，疑为私藏兵器。梁武帝闻讯亲自前往查看，却发现里面全是金银财宝，仅仅钱币就藏了三十间房子，每间一千万，共计三亿。梁武帝看了大为放心，兴致勃勃地对萧宏说：阿六，你的生活不成问题呀！[47]

◎《帝后礼佛图》浮雕还原

北魏孝文帝礼佛图

南北朝时期佛教在中国大规模传播，南北两方政权大都尊奉佛教。北魏宣武帝为纪念父母孝文帝和文昭皇太后，花费二十四年时间在龙门开凿了宾阳中洞，洞口两侧的石壁上，原来有两组大型浮雕，即《皇帝礼佛图》和《皇后礼佛图》。

文昭皇后礼佛图

遗憾的是现在宾阳中洞洞口两侧只留下了两个触目惊心的大疤痕。《皇帝礼佛图》现藏于美国纽约大都会艺术博物馆，《皇后礼佛图》现藏于美国堪萨斯纳尔逊博物馆。

请问，这是什么德育和德治？

事实上，堆满萧宏库房的全是民脂民膏，这一点应该谁都清楚。侯景围台城时，就曾经向城中士民散发谋士代笔的传单。传单上说：请大家看看梁朝王公贵族过的都是什么日子吧！这些家伙不耕不织，却锦衣玉食。如果不从老百姓那里巧取豪夺，他们的钱财又能从哪里来？[48]

侯景虽然混蛋，这话说得却并不错。

如此看来，梁武帝的艰苦朴素便该视为虚伪。这种虚伪虽未必是他本人的，却可以肯定是体制的。而且，正因为他的以德治国其实是体制性的虚伪，才会死到临头都没人救援，哪怕他把自己打造成了道德楷模。

国学和德治能够救梁？白日做梦。

现在，救命稻草只剩下了一根，那就是宗教。宗教是南北朝的大问题，梁武帝则是重要的代表人物。所谓“南朝四百八十寺”，便与他息息相关。更何况，正是宗教而非其他，最鲜明地体现出第一帝国与第二帝国，秦汉文明与隋唐文明的分野，是中华史无论如何也绕不过去的。

那就来看宗教。

第四章

宗教问题

被后赵皇帝尊为“伟大导师”的佛图澄，
第一次将佛教置于国家公权力的保护之下。
但他能够利用皇权取得教权，
靠的却并不是佛学造诣，
而是道教喜欢的方术。

道教兴起

佛教在中国，一开始是被看作道教的。

这并不奇怪。中国原本没有宗教，也没有信仰。夏和夏以前大约只有巫术。商代有上帝，却是祖宗崇拜，不是宗教信仰。商的上帝也不是God，不是造物主，而是去世的帝王。与之对应的是“下帝”，即在任的商王。

下帝和上帝，都是人。

或者说，下帝是人，上帝是鬼，是死人。

之后的周人既拜祖宗也信天命。天的主要功能是授权天子管理天下，并对不合格的统治者进行革命。这样一种既是Heaven（上苍）又是Nature（自然）的存在其实是人，因此在以后的漫长时代也被形象地称为老天爷。

这同样不是宗教，不是信仰。

事实上，中国并不可能自发地产生宗教（原因请参看本中华史第二卷《国家》、第三卷《奠基者》、第九卷《两汉两罗马》），正如我们不可能自发地产生资本主义一样。也就是说，宗教之于中华，只能是外来的异族文化。因此初入中华的佛教，也只能被理解为中国已有的东西。[1]

那么，这东西是什么？

广义和初始的道教。

实际上，就像文化本是“用文明来教化”之意，宗教在汉语中也是“宗奉某种教化”的简称。于是，但凡“以道来教化”的理论和实践，便都是广义的道教。先秦的诸子百家，后来的佛教道教，都曾被这样理解。[2]

这当然不是严格意义上的宗教（religion）。

初始的道教也不是。它一半是思想，即黄老道；一半是法术，即方仙道。道教，是黄老和方仙的杂糅。

先说黄老道。

黄老道又叫黄老之术，简单地说就是打着黄帝和老子旗号的思想和方法。把黄帝和老子联系起来是在战国，大行其道则在两汉。这时的黄老道内容庞杂，包括世界大同的社会理想，无为而治的政治理念，再加上周易哲学、神仙思想和阴阳五行，是这些思想观念的大杂烩。

这是一种思潮。

作为思潮，黄老之术在汉初受到推崇，因为当时的统治者主张清静无为与民休息。但即便如此，他们对黄老的态度也只是信奉，不是信仰。而且就连这种信奉，在独尊儒术以后也逐渐淡出。黄老道中的周易哲学和阴阳五行被儒家吸纳，剩下的就只有神仙思想。

神仙思想是中国独有的，其他民族只有神没有仙。神与仙的区别在于：神是神，仙是人；或者神是死人，仙是活人。一个人，如果生前对国家和民族有大贡献，死后便可封神，就像罗马的恺撒。如果通过修炼或服药而长生不老肉体飞升，那就是仙，比如韩湘子或吕洞宾。

很清楚，封神是国家民族的事，个人只能成仙。

成仙是道教的核心。

实现成仙愿望的方式和技术就是方术，掌握方术的则是方士。方士起源于战国燕齐一带沿海地区，共同特点是能为一般人所不能为，比如，秦皇时徐福能求仙药，汉武时栾大能通鬼神，曹操时左慈神出鬼没，总之是或有奇方或有异术，因此能行走江湖并且结交王侯。

很难说这些人当中谁是骗子谁是奇人，但可以肯定方术并不简单地等于巫术，比如神医华佗就是方士。实际上在中国古代，巫术与医术往往密不可分，所谓方术则更有可能是被巫术化和神秘化的科学技术。

比如房中术。

房中术其实就是性科学和性技术。道教认为，性生活是必需的，但应该讲究方法。因为性交的意义既不是生育也不是纵欲，而是养生。换句话说，做爱就是合气，也就是把男人的阳气和女人的阴气进行调和，以达到“采阴补阳”和“采阳补阴”的双重目的。

这就只能通过肌肤之亲和交换体液来实现，因此性生活必不可少。只不过如果不合时宜，不知节制，不得要领，则会适得其反。因此要有禁忌，也要有技术。插入的深浅，抽动的快慢，性高潮的时机都有讲究。总之掌握了房中术，就能益寿延年返老还童，甚至成仙。

如此方术，恐怕不少人都乐意奉行。是啊，即便不能成仙，也能飘飘欲仙，或欲仙欲死，何乐不为?

方术与成仙的关系，大体如此。

这就是方仙道。

方仙道的内容当然远远不止于房中，至少还有服食和行气。行气其实是中医倡导的一种呼吸方式，目的是吐出浊气，吸取清气，即吐故纳新，简称吐纳。吐纳的同时还要配合体操，叫导引。再加上按摩，就是行气。

服食也包括两种，即服药和服丹。药就是灵芝一类的草木，所以叫药。丹则是以丹砂为主的矿石，所以叫丹。药能强身健体，丹能让人成仙，所以叫仙丹。最好的仙丹吃下去以后，成仙只需三日，叫九转金丹。

九转就是反复烧炼，炼丹的则是炉鼎。用丹砂等原材料炼出来的叫外丹，化学成分主要是铅和汞，结果不但不能成仙，反而会中毒。因此道教又主张以人体为炉鼎，用自己的精气神为药石和炉火来烧炼，这就是内丹。后来南宋的全真教南北二宗，便都排斥外丹，主张内丹。

服食、行气、房中，是秦汉方术的三大派。此外，方术还包括天文（含占星术）、历算、占卜、命相、堪舆（看风水）、黄白（炼金术）等等。这些五花八门大多被道教照单全收，而且不少被附会为黄帝的发明和老庄的主张。

方仙道与黄老道，由此合二为一。

但这并不是宗教。事实上，方仙也好，黄老也罢，重中之重都是养生和成仙。这就只与个人有关，宗教却是社会有组织的行为。黄老道和方仙道如果不能与社会大众和国家事务发生关系，那就永远不过方术而已。

于是，斋醮（读如叫）和符箓（读如录）被发明了出来。

斋醮是一种祭祷仪式，程序有设坛、摆供、焚香、化符和念咒等等，目的则是求福消灾。这就至少在理论上是利国利民的事，因为斋醮的受惠者上至九五至尊，中至各级官员，下至平民百姓，完全一视同仁。

◎符箓

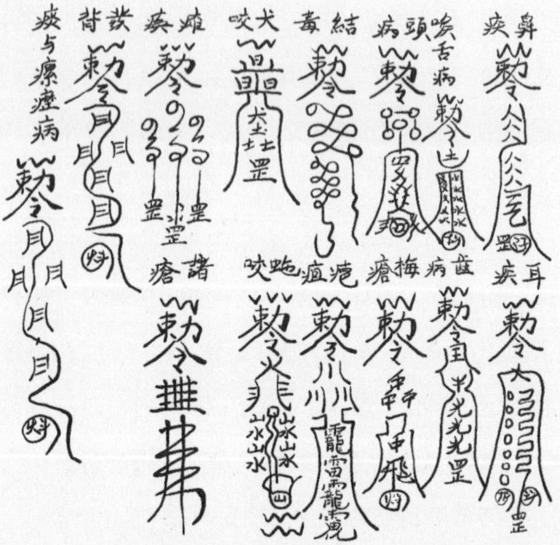

道教中符箓种类繁杂，主要有复文、云篆、灵符、符图等几类。可以用来为人治病、救灾止害、召将请神。

道教能有群众基础，斋醮的作用不可小看。

符箓则是用朱笔写在纸上的似字非字的图形，据说烧掉以后就能通神、驱鬼、求雨、治病。这就比成仙更能满足社会的需求。实际上最早的道教组织天师道和太平道（请参看本中华史第九卷《两汉两罗马》），就是靠符箓的神秘作用吸引广大信众，并发展壮大起来的。

更重要的是，符箓在后来还成了一种制度。天师道规定，一个人如果在一定仪式上接受了正式授予的符箓并随身佩戴，便意味着他加入了组织，成为这个教团的一员。我们知道，宗教的标志之一是教团组织，作用之一是身份认同（请参看本中华史第二卷《国家》）。因此有了符箓制度，方仙道距离宗教也就只有一步之遥。

然而这一步也可能是十万八千里。毕竟，宗教不可能在中国自发地产生，黄老道和方仙道也并不必然地要变成宗教。如果没有外力的推动和他人的示范，那么，天师道也好，太平道也罢，就算能够产生，也只能是靠巫术来维系的民间组织，弄不好还可能成为邪教。

幸好，佛教来了。

佛法西来

佛教传入中国的具体日子历来有不同说法。学术界普遍认可的，是西汉哀帝的元寿元年（前2）。这一年，有一位博士弟子听大月氏使者口授了《浮屠经》。浮屠其实就是佛陀（Buddha），大月氏使者讲述的则是释迦牟尼的生平故事，与后来所知的传说并无出入。[3]

这是比较可靠的最早时间。

那么，最晚是在什么时候？

东汉明帝时期。尽管明帝派遣使者到印度寻求佛法只是传说，但他弟弟楚王刘英崇尚浮屠，在王宫中斋戒礼拜应是事实，可见当时佛教的影响已经不小。而道教第一部经典《太平经》的诞生，却至少要在半个世纪之后。[4]

天师道和太平道成为宗教组织，就更晚。

因此，道教创始人从佛教那里受到启发获得灵感，甚至见贤思齐，是完全可能的。没错，从现存资料看，道教的创立似乎没有受到佛教的影响。问题是，说佛教对这件事毫无影响，就有证据吗？对不起，也没有。[5]

事实上，只有佛教的影响才能解释，天师道和太平道为什么会不约而同地被凭空创造出来。也许，他们并不知道宗教为何物，也没有意识到自己是在创教，只不过认为别人有这么个东西，我们也应该有，可以有。

也因此，道教在发展过程中还会继续向佛教学习。佛有寺，道就有观；佛有僧尼，道就有道士；佛有袈裟，道就有道袍；佛有释迦牟尼，道教便只好把老子抬出来。其实老子是否确有其人都是问题，跟宗教更是风马牛不相及。但只有这样，道教才会看起来更像模像样一些。[6]

毫无疑问，这并不奇怪，也不丢人，因为文化原本就是需要学习甚至模仿的。吊诡的是，尽管道教对佛教亦步亦趋，后者却在东汉被看作类似于前者的东西。当然，是被看作初始的道教，即道教前的道教——前道教。

这样的佛教，叫浮屠道。

浮屠道就是外国的黄老道，这是东汉时期上流社会的普遍看法。因此楚王刘英和后来的汉桓帝，都是黄老与浮屠并尊。他们的宫中，则既有黄老祠，又有浮屠庙。[7]

不能说这样做没有道理。事实上，从未见过宗教的中国人只能按照已有的知识去理解那舶来品，比如把僧尼称为道人（道教的神职人员则叫道士）等等。更何况佛教主张的四大皆空，与道家哲学的无中生有；佛教主张的常乐我净，与道家哲学的清静无为，又何其相似乃尔！[8]

然而差别，也不能以道里计。

区别之一在目的。

道教的目的是成仙，佛教的目的是成佛。仙和佛都不是神，而是人。所以，这两个汉字也都是单人旁。这是道教与佛教的共同之处，也是他们与其他宗教不同的紧要之处。也就是说，佛教和道教都是人本的，这很符合中华文明的精神（请参看本中华史第三卷《奠基者》）。

但，仙与佛又大不相同。

仙的特点是不死，佛的特点是觉悟。一个人，只要悟得无上正等正觉（最高智慧），就可以立地成佛。当然，严格地说，只有做到自觉、觉他、觉行圆满，才是佛。只能做到自觉和觉他的，是菩萨（菩提萨埵Bodhisattva）。唯独自己一个人觉悟的，是罗汉（阿罗汉Arhat）。

罗汉、菩萨、佛，都会死。释迦牟尼就是八十岁时去世的，但他生前却已经成佛。他的去世，也被称为涅槃（Nirvana）或圆寂（Parinirvana）。

这是一种委婉的说法。

实际上，死亡是死亡，圆寂是圆寂，涅槃是涅槃。圆寂的本义是“圆满的寂灭”，涅槃则是佛教修行的最高境界。它在梵文中的原意是风的吹散，火的熄灭，却绝不是死亡。相反，是一种超越了生死也超越了时空、苦乐以及一切经验的状态。这种状态是不可言说的，只能称之为涅槃。

涅槃有四种德性，叫常乐我净。简单地说，不生不死就是常，永无痛苦就是乐，本性不变就是我，一尘不染就是净。显然，佛教的目的不是把人变成仙，而是改变人的精神状态。精神状态变了，至少也是罗汉。

罗汉与神仙，是两码事。

佛教与道教，也是两码事。

目的不同，方法和途径也不同。比如道教讲守一，佛教讲禅定，都要求精神的专一和专注，看起来很像，其实不同。简单地说，守一是为了防止精气神扩散和泄漏，从而保证长生不老；禅定却是要集中精力观想某个特定对象（比如莲花或诸佛），这样才能获得最高智慧。

显然，守一是养生，禅定是修心。

所以，佛教讲定慧双运，道教讲性命双修。性命就是性和命，神和形，心灵和身体。换句话说，性命双修就是既要身体健康，更要心理健康，是身心都健康。

这当然是很可贵的思想。

禅定则是禅和定的合称。禅（Dhyana）就是禅那，也就是静虑。定（Samadhi）就是等持，也就是专注。慧（Mati）则是明察，也是决断。这三个词连起来，就是安安静静地想（禅），专心致志地求（定），然后斩断迷惑，做出明察，获得佛教之所追求——般若（读如波惹）。

般若（Prajna）就是智慧，或通过智慧到达涅槃的彼岸，所以也叫般若波罗蜜多。佛教认为，生死是迷界，是此岸；涅槃是解脱，是彼岸。从此岸到彼岸，就叫波罗蜜多（Paramita）。而能够如此，是因为有智慧。智可以认识世间事，慧能够证悟出世法，合起来就是般若。

当然，这不是凡夫俗子能有的。

实际上，般若不是一般意义上的智慧，而是成佛所需的特殊认识。拥有最高智慧"无上正等正觉"的，甚至只有佛陀一人。但不能成佛，还可以做罗汉。关键在于有没有觉悟，能不能从无边苦海中解脱出来。[9]

这就只能从长计议了（请参看本中华史第十四卷），但佛教与道教的区别却一目了然。不妨这样说：佛教是心灵的宗教，道教是生命的宗教。道教希望人活着就能过上神仙般的日子，佛教却更关注灵魂的安顿和寄托。因此，服食和行气等等，佛教也是不讲的。

没错，智慧与方术无关。

宗教需要的，也不是装神弄鬼点石成金。

所以释迦牟尼本人是反对巫术的。他甚至规定，弟子如果实施咒术就算违反了佛戒。不过这项规定并未在他的后继者那里得到严格的遵守。小乘佛教也好，大乘佛教也罢，都以附属的方式保留了咒术。至于与婆罗门相结合的密教，更是以高度组织化了的巫术为特征。[10]

然而宗教在本质上却不是巫术。如果它依然与巫术勾勾搭搭难解难分，那就没有必要变成宗教。因此，一种宗教越是纯粹，就越是远离巫术。中国的禅宗就是如此，尽管禅宗也不是真正和纯粹的宗教，而是哲学。

事实上禅宗之所以诞生，是因为佛教作为外来文化必须中国化。儒学化的禅宗是中国化的第三步，玄学化的般若学是第二步，巫术化的浮屠道则是第一步。第一步虽然看似荒唐，但没有它，佛教就不可能在中国落地生根。

当然，也不可能成为中华史的故事。

那就来看这一步。

一步登天

大和尚到!

随着典礼官一声高呼，所有的王公贵族都从座位上站了起来，包括他们的皇帝。

无疑，这是为了表示对一个人的崇敬。

这个人叫佛图澄。[11]

佛图澄是后赵佛教界的领袖，“大和尚”则是后赵皇帝石勒给他上的尊号，意思是“伟大导师”。[12]

僧人地位之尊贵，于此为最。

然而具有讽刺意义的是，佛图澄获得这一地位，靠的并不是他的佛学造诣，而是道教喜欢的方术。

佛图澄是西域龟兹（读如秋慈，即今新疆库车）人，也可能是天竺（印度）人。他九岁出家并熟读佛经，进入内地前曾在敦煌逗留。西晋怀帝永嘉四年（310），佛图澄到洛阳传教，却赶上了西晋灭亡前的兵荒马乱，只好潜伏在石勒的一个部将家中。

有一天，石勒召见这位部将。

石勒说：据我所知，你这个人并没有什么奇谋，也没什么异术。可是最近一段时间，每次行军打仗，你都能预测到结果。实话告诉我，这是什么原因？

部将说：是一个沙门预测的。

沙门（Sramana）就是佛教的出家人。

部将还说：这个沙门预测到将军会得天下。

于是石勒召见了佛图澄。

这时的佛图澄自称已经一百多岁，可以不吃不喝只靠呼吸空气过日子。据说，他的肚子上有一个小洞，平时用棉絮塞住。晚上要读书时，只要拔出棉絮，洞中放射出来的光芒便足以将整个房间照耀得一片明亮。

呵呵，这哪里是和尚，明明是道士，或巫师。

石勒却不在乎是佛是道，他关心的是这个沙门能给自己带来什么好处。因此他问：佛道有什么灵验？

佛图澄很清楚，跟这个没文化的羯人讲什么般若智慧是没有用的，他的办法是要来一盆清水并焚香念咒。结果转眼之间，水中便长出了莲花，光彩夺目熠熠生辉。

所有人都大为叹服。

实际上这恐怕是一种魔术，当时的许多僧人和道士也都会玩。东汉末年一个名叫左慈的方士，就曾当着曹操的面从空空如也的铜盆里变出吴淞江的鲈鱼。另一次，他一个人自斟自饮，在座上百个士大夫都觉得酒足饭饱，街市上所有饭店的酒和肉则都莫名其妙地不翼而飞。

可惜曹操不信邪，他决定杀了这妖孽。

左慈看破了曹操的心思，立即穿墙而出，街市上的行人也统统都变成了左慈的模样，让曹操的兵丁无从下手。最后，被追捕的左慈竟然逃入羊群，又变成了羊。

曹操只好说：不杀你，不过试试你的法术罢了。

于是一头老公羊像人一样站起来说：何必如此！

话音刚落，数百只羊都变成了老公羊，也都屈着前蹄像人一样站起来说：何必如此！何必如此！

曹操终于没能杀了左慈。[13]

同样，石勒也没能杀掉佛图澄。

石勒顿起杀心并不奇怪，统治者总是不愿意让别人知道自己底细的，而佛图澄又总是料事如神。当然，这一次也一样。石勒刚刚有了一闪念，佛图澄就逃之夭夭。更让石勒大吃一惊的是，当他感到后悔并想念这僧人时，神秘失踪的佛图澄却又笑眯眯地出现在他面前。

石勒问：你昨晚为何出走？

佛图澄答：因为将军有了恶意。

石勒又问：今天为什么又来了？

佛图澄答：因为将军改变了主意。

石勒呵呵大笑说：你这道人信口开河！

没错，这时佛图澄的称呼还是“道人”。

佛图澄获得信任，是在他帮石勒建功立业之后。这些事业无一例外地都被说得神乎其神，比如听见寺庙的铃响就能预见某某敌将必败，在手掌上涂抹麻油就能看见前赵皇帝被擒，这就让石勒不得不信。更有可能的是，聪明的石勒发现，这个僧人对自己的帝业是帮得上大忙的。

因此称帝之后，石勒尊佛图澄为“大和尚”。

现在看来，佛图澄能够参与军政运筹帷幄，并非因为他真有什么“五眼六神通”，而是见多识广老于世故，更兼弟子众多消息灵通，再加上必要和适当的故弄玄虚，这才让他的建议和判断看起来像是神机妙算。结果，石勒和后继者石虎都对他心悦诚服，言听计从。

可惜世界上没有谁总能一帆风顺，羯人的政权就更是难免命运坎坷。公元343年，东晋出兵相逼，伐前凉又出师不利。后赵连遭挫折人心惶惶，石虎也怨气冲天怒火满腔。他发脾气说：奉佛供僧却招来外敌，佛有什么用？

佛图澄却自有说法。

说法来自轮回。佛图澄说：陛下前世是大商人，曾经举办法会供养了六十个阿罗汉，所以才转世投胎来到中华做了皇帝。这就是善有善报呀，为什么要抱怨呢？

石虎听了转怒为喜，跪下来答谢佛图澄。

不过，石虎还是有问题。

有一次他问：什么是佛法？

佛图澄答：不杀。

石虎说：朕为天下之主，岂能做到不杀？

佛图澄说：该杀的当然要杀。关键是不能有杀心，更不能滥杀无辜。只要陛下心怀慈悲，就能福祚延绵。杀几个恶贯满盈罪该万死的，不是问题。

石虎很满意。[14]

其实，佛图澄的说法很成问题。请问什么叫该杀？又有哪些人该杀？如果这世界上是有些人不该杀，有些人却该杀可杀的，不杀生的主张又有什么意义？

然而佛图澄却不会去纠缠这些问题，就算想清楚了也不会告诉我们。对于他来说，要紧的是把石虎争取到佛教这边来，哪怕他徒有弟子之名，并无慈悲之心。

事实证明，这很重要。后来，石虎鉴于僧人太多良莠不齐，曾经下诏要求有关部门治理整顿。于是，某些人便趁机提出要全面禁止佛教，石虎却予以驳回。他说，赵国人民有信奉自由。任何人都可以信佛，哪怕是汉人。[15]

有了最高当局的力挺，佛图澄的事业蒸蒸日上，佛教的传播也星火燎原。后赵短短几十年间，国内建立的寺庙多达八百九十三所，是佛教传入中国以来的最高数。

佛图澄成功了。

更重要的是，他改变了佛教的生态环境。过去，佛教的译经、建寺、传教，主要靠民间信徒的支持，再加乡绅富豪和知识分子的资助。佛图澄却让最高统治者把佛教置于国家公权力的保护之下，利用皇权来取得教权。

这在中国佛教史上，是第一次。[16]

佛图澄也因此成为划时代的人物。他的历史地位，也许只有让罗马皇帝狄奥多西跪下来忏悔的那位米兰大主教才能相比（请参看本中华史第九卷《两汉两罗马》）。更何况佛图澄的成功虽然空前，却并不绝后。在他之后直到清代，都不断有僧人走进宫廷，高僧的参政议政甚至成为一个传统。被视为方术的佛教，终于一步登天。

拾阶而上

与此同时，道教也登堂入室。

如果说佛教是从外国到中国，那么，道教便是从下层到上层。从东汉顺帝时期（125–144）于吉著《太平清领书》，到北魏太武帝改元太平真君（440）并亲至道坛接受符箓（442），这三百年的历程也很漫长。

路漫漫其修远兮，只能拾阶而上。

事实上，正如佛教的中国化有三个步骤，道教的合法化也有三个台阶。第一个是民间道教，这就是天师道和太平道。它们虽被看作道教诞生的标志，却其实只是“类宗教”或“准宗教”，而且是底层的甚至地下的。[17]

因此，天师道和太平道不但没有合法地位，还可能遭到取缔和镇压，尤其是在太平道变成黄巾军以后。

孙恩的组织，也一样。

幸运的是，由于教长张鲁投降曹操，天师道躲过一劫并得以传播。更幸运的是，它受到了部分魏晋名士的关注和欢迎。大批高级士族加入道教，甚至出现了世代尊奉道教的天师世家，比如王羲之、葛洪、陶弘景。领袖和主力由方士变成了名士，道教也就上了第二个台阶。

没错，民间道教变成了士族道教。[18]

士族道教是民间道教的升级版，也是士族阶级的奢侈品和麻醉剂。实际上，由于门阀制度和黑暗政治，士族作为阶级固然享有法定特权，可以养尊处优不劳而获，作为个人却并不能把握自己的命运。更可怕的是，没人知道什么时候会祸从天降，又会落到谁的头上。

闲暇的日子需要打发，高贵的身份需要显示，这就有了清谈（请参看本中华史第十一卷《魏晋风度》）。不安的心灵需要抚慰，空虚的精神需要寄托，于是道教走红。

那么，为什么是道教，不是佛教？

因为东晋以后，偏安江左的士族心之所系已不再是国家兴亡和民族盛衰，而是既得利益和个人安危。他们并不想普度众生，只希望健康长寿。因此，道家学派中杨朱主张的及时行乐，庄子主张的逍遥自在，与道教宣扬的服食行气养生成仙，便一并成为士大夫的首选和最爱。

更何况，佛教是胡人的，道教是汉人的。

所以，尽管道教的士族化与佛教的玄学化几乎同时（都完成于东晋），士族化的道教却并没有变成玄学，变成玄学的是佛教的般若学。也就是说，对于佛教，名士们更看重的是义理，是哲学意味和思辨精神。对于道教，他们的态度却是实用主义的，与秦皇汉武并无二致。

很好，清谈有佛，成仙有道。

于是东晋的风气，便是沙门谈玄，名士炼丹。飘逸不群如王羲之，则既谈玄也炼丹。至于民间道教，当然毫无疑问地被视为邪门歪道，根本不能登大雅之堂。

从此，道教开始两极分化。转入地下的民间道教继续以通俗的形式传播，甚至从中产生出秘密组织，成为农民起义的旗帜和纽带。进入上层社会的士族道教则从书斋和道观走进宫廷，最后青云直上变成皇家道教。

这是第三个台阶。

皇家道教的诞生是必然的。事实上，没有皇帝这把保护伞，任何宗教都不可能获得合法性。因此，道教也要将自己置于皇权的羽翼之下，借助最高权力来求得生存和发展。只不过他们走出这一步，比佛教晚了将近百年。但异曲同工的是，道教依靠的也是北方少数民族政权。

当然，他们也有自己的佛图澄。

◎明代炼丹铜炉

古人为追求长生，不惜一切代价炼制长生不老丹。其实丹丸中的主要成分是硫化汞，服用非但无益，反而有害。中国炼丹术始于秦汉，魏晋南北朝时期达到鼎盛。上图三尊炼丹炉现藏于上海中医药博物馆。

道教的佛图澄叫寇谦之。

寇谦之是北魏上谷昌平（今北京昌平）人，祖上也是世家大族，自己则从小就痴迷于仙道。可惜这位候补神仙虽然热情洋溢态度虔诚，却一直不得要领，经年累月服药练功全都没用，直至遇见一位高人。

高人叫成公兴。

成公兴说：先生有意学道，能隐居吗？

寇谦之说：当然能。

于是，寇谦之被带到华山的一间密室，吃了成公兴给他的一种药，从此没有了饥饿感。但是，当寇谦之来到嵩山的密室，被要求吃第二种药时，他吓得掉头就跑。

那种药，是毒虫和一些让人呕吐的东西。

成公兴叹了一口气说：看来先生与成仙是无缘了，不过却正好可以安邦定国，成为帝王之师。

没人知道寇谦之当时怎么想，只知道后来某一天，成公兴走进第三重密室死去，又在第二天复活，并被来到嵩山的两个仙童接走。原来，成公兴本是神仙，是因为犯了错误才被贬下凡尘的，刑期既满自然重返天庭。

呵呵，原来神仙也会犯错误。

寇谦之则在成公兴“仙逝”之后继续留在嵩山，直到被太上老君和他的玄孙亲自接见。两位上仙传给寇谦之道教秘箓和各种方术，授予他“天师”职称、方圆万里的教区以及统领人鬼之权，同时还赋予他两项神圣的使命，那就是治理整顿道教，并辅佐北方的太平真君。

显然，这是只能当作武侠小说来看的故事，却被隆重地载入史册，因为故事编得像模像样言之凿凿：太上老君下凡是在北魏神瑞二年（415）十月二十二，他的玄孙降临嵩山则在泰常八年（423）十月初五。[19]

这样的造假水平不能不让人佩服。

实际上这两个日子很可能真实地存在，只不过是寇谦之完成准备工作的时间。当然，那两项使命也是他自己赋予自己的。然而这正是寇谦之的过人之处，他非常清楚自己该干什么，也十分明白道教该向何处去。这是他深刻反省天师道近三百年历史和当前现状的结果。

那么，当时的道教问题在哪里？

低俗、混乱、危害政权。比方说，以修炼房中术之名淫乱苟且，以授人符箓之名勒索钱财，以进行宗教活动之名散布流言蜚语聚众闹事等等。这就为士大夫所不齿、统治者所不容，道教也迟早会被镇压或取缔。

宗教改革，势在必行。

改革是全方位的。从“扫黄打非”（废除房中术，清理伪书）、制度创新（增订斋戒仪范和戒律）到整顿组织（改革教职父死子继的陈规陋习），不一而足。但最重要的，是坚决维护国家政权，严禁妖言惑众，犯上作乱。

这才是关键所在。

改革后的道教被称为新天师道，也称北天师道。它的核心价值其实就是儒家主张的三纲五常，宗教形式和观念则大量模仿照搬佛教，包括立坛宇、修功德、诵经文、持戒律等等，也包括宣扬六道轮回。也就是说，实现改革目标其实靠的是两手：兼修儒教和引佛入道。[20]

寇谦之左右逢源。

如此识大体顾大局，当然颇得统治者的欢心、士大夫的赞同。公元424年或425年，也就是刘义隆成为宋文帝那年或次年，寇谦之在北魏首都平城建立了天师道场。十六年之后，太武帝改元太平真君。两年后，他又亲至道坛接受符箓，并使之成为新皇帝即位时必须举行的仪式。[21]

道教正式成为北魏国教。

寇谦之则成为北魏国师。

这时，距离佛图澄被尊为大和尚已近百年。在中国北方曾经风靡一时的佛教，现在命运又如何？

太武与梁武

佛教大难临头。

公元446年，也就是太武帝拓跋焘亲至道坛接受符箓的四年后，他下令在全国范围内全面禁佛。太武帝的指令十分明确：所有的寺庙和佛像都必须捣毁，所有的经书都必须烧掉，所有的僧人无论老少都必须坑杀。而且，带兵离京平叛的太武帝，在长安就已经这样做了。

幸运的是，留守平城的皇太子拓跋晃不以为然。于是他一面上书父皇力陈不可，一面故意泄露消息，让各地的僧人带着经书佛像藏匿起来。不过，无法藏匿的寺庙还是被毁于一旦，太子本人也付出了惨重代价。但，如果不是他的暗中维护，佛教面临的将是灭顶之灾。

这是中国佛教史上的第一次大法难。

造成法难的原因是多方面的。根本原因以后再说，直接原因则有两个：一是太武帝发现长安某寺庙居然私藏武器、财宝、酒具和女人；二是他的身边有人撺掇。[22]

撺掇太武帝的是崔浩。

崔浩是拓跋焘的亲信，也是寇谦之的盟友。当时，寇谦之带着编造的神话和经书来到平城，却没想到当局并没有那么好哄骗。太武帝只是给他安排了食宿，朝野上下也将信将疑。如果没有崔浩，寇谦之肯定一事无成。

那么，崔浩为什么要帮助寇谦之？

志同道合，或利益相关。

出身名门望族的崔浩是华夏文明的维护者，他的理想则是实现鲜卑民族和拓跋政权的全盘汉化（请见本书第二章）。因此，崔浩对佛教这种外来文化和外国宗教很是反感。他要尊崇的是儒家学说，哪怕这儒学已不纯粹。

对此，寇谦之深表理解和同情。

这同样并不奇怪。其实在某种意义上，新天师道可以说是披着道教外衣的新儒学，寇谦之的宗教改革则是道教的儒学化。他甚至向崔浩虚心求教说：太上老君赋予我的使命，是辅佐太平真君，承继千古绝统，因此令我兼修儒教。可惜我才疏学浅孤陋寡闻，还请你多多指导！

于是，崔浩便帮寇谦之恶补儒学。

寇谦之则向崔浩传授养生秘方。[23]

弄清楚可以互利双赢之后，崔浩便在太武帝面前为寇谦之鼓吹。崔浩的长篇大论其实只有一个要点：像寇谦之这样的清德隐仙居然不请自到，只能说明陛下所受的天命可以相当于当年的轩辕黄帝了。

听了这话，太武帝岂有不动心之理？

寇谦之能够成功，崔浩功不可没。

然而崔浩要灭佛，寇谦之却不同意。没错，道教与佛教确有意见分歧和利益冲突。但这只能打口水战，不能动真格的。赶尽杀绝的事，佛祖和老君都不会支持。因此寇谦之对崔浩说：你这样毁佛杀生，会祸及满门的！[24]

后来，崔浩果然被灭族。

佛教则死灰复燃。太武帝去世后，继位的文成帝便下诏复兴佛法，并把此前灭佛的责任，归咎为有关部门错误地领会了先帝意图。于是，由于前太子拓跋晃暗中保护而藏匿起来的僧人、佛像和经书，都重见天日。佛教再度在中国北方兴盛，直至遭遇第二次大法难（请见本书第五章）。

第二次是在公元574年。此间一百三十年，佛教一直受到北方统治者的尊崇。北魏一位临朝听政的太后不但建寺礼佛，斗争失败后还准备削发为尼。可惜她并没受到佛祖的保佑，依然被愤怒的政变者扔进了黄河。[25]

◎ 云冈石窟佛像

◎ 龙门石窟佛像

阿弥陀佛，罪过罪过！

然而这位太后在新都洛阳修建的永宁寺，却是北魏佛教繁荣的象征。据说，当时洛阳有佛教僧院一千多处，被称为伽蓝（僧伽蓝Sangharama，伽读如茄），永宁寺无疑堪称最壮观的寺院之一。它金盘炫目光照云表，就连中国禅宗的初祖菩提达摩见了，都不能不顶礼膜拜合掌数日。

四月初八的佛诞节，就更是盛况空前。旗幡如林，宝盖如云，香烟如雾，飘散的金花在阳光下熠熠生辉，梵乐和诵经之声响彻云霄。洛阳，简直就是佛国之都。[26]

实际上太武帝灭佛几年后，首都平城西郊的云冈石窟便已开凿。此后历时一百多年，凿出佛像十万多个，最大的高达七丈。迁都洛阳后，又在城南开凿龙门石窟，工程期延续四百年之久。再加上前秦开凿的敦煌石窟等等，佛陀那慈祥的面容和目光，可谓无处不在。

北朝千千窟，堪比南朝四百八十寺。[27]

不过佛教受到的最高礼遇和尊崇，是在太武帝灭佛的八十一年后。这一年（527），有一位南朝皇帝来到建康的一座寺庙，脱下皇袍，披起袈裟，以普通信众的身份在佛寺里服杂役，诵经文，讲佛学，一如在教堂里素服下跪的狄奥多西（请参见本中华史第九卷《两汉两罗马》）。只不过，那罗马皇帝是要忏悔，这中国皇帝是要舍身。

舍身，就是舍去凡身，供奉佛祖。

自愿舍身的是梁武帝，地点则是同泰寺，它的旧址上现在是明代所建的鸡鸣寺。梁武帝的舍身共有四次，当然每次都被群臣赎回，赎金是一个亿。也就是说，梁武帝四次舍身同泰寺，便为寺庙募得四个亿的国家捐款。[28]

这可真是佛教的最大赞助商。

梁武帝洋洋得意，他甚至以“皇帝菩萨”自居。然而菩提达摩却嗤之以鼻，认为他并无功德（请参看本中华史第十四卷）。事实上也没有——这些功德钱并非他个人所得，一分一厘都是民脂民膏。[29]

更何况梁武帝对佛教的狂热扶植，已经严重影响到国家财政和国计民生。要知道，按照当时的政策，寺庙的土地是不要钱的，和尚尼姑是不纳税的。结果，正如一位官员所说，天下户口已经丢失一半。而且长此以往，势必处处建庙家家剃发，不会有一寸土地和一个人属于国家。[30]

梁武帝当然明白这一点，他的办法是废除小乘佛教允许吃肉的规定，严禁酒肉并带头吃素。可惜这种假慈悲并不能解决问题，何况梁武帝的素菜也不便宜。[31]

实际上佛教的多次被灭，包括灭佛的同时灭道教，原因之一也在这里。是的，没有哪个政权会愿意自己的劳动力和战斗力，统统变成了在统治者看来毫无用处的出家人。

◎永宁寺塔

永宁寺塔为北魏洛阳城的皇家寺院永宁寺中的佛塔。始建于孝明帝熙平元年（516），由笃信佛法的胡太后主持修建，规模宏大，为洛阳千寺之冠。是专供皇帝、太后礼佛的场所。永熙三年（534），永宁寺塔被大火焚毁。

◎北朝塔洞样式

西二洞

中七洞

中九洞

西九洞

控制宗教的规模，是统治者不能不考虑的。

除了经济原因，还有政治原因。事实上，宗教如果对政治介入过深，统治者就不能不有所防范和忌惮。在这个问题上，他们放心的只有儒学。因为按照儒家的教导，居家则为孝子，出门则是忠臣，这样的子民谁不喜欢？

可惜儒学不是宗教，也只适合治世，不适合乱世。乱世无秩序，无权威，无希望，靠得住的只有神。是啊，统治者要借鬼神之威，造反派要假灵异之力，草民们期盼着救世之主，于是佛法大行，道教大兴。

剩下的事情就是选择。

选择也可以有各种标准，包括统治者的个人好恶，但在魏晋南北朝却还有民族问题。石虎就说，佛是戎神，理当供奉。如此，则北方重佛南方重道，才是当然。[32]

然而怪异的是，北魏太武帝是胡人，却灭佛；南朝梁武帝是汉人，却媚佛。这岂非颠倒？太武和梁武，为什么会有这样的选择？在颠倒的背后，又有什么玄机呢？

也许，答案在南北朝谢幕的那一刻。

第五章

再造新文明

鲜卑化的汉人隋文帝杨坚，
跟后来唐帝国的创始人一样，
都是民族混血儿中的佼佼者，
身上既有华夏文明的遗传基因，
也有少数民族的生命活力，
当然会创造出更具开放性和兼容性的新文明。

重归一统

陈朝亡国前，有雾霾。

雾霾弥漫在建康城，铺天盖地无孔不入，每个人的鼻子里都是又辣又酸。据正史记载，后主陈叔宝甚至在新年团拜会上昏睡过去，直到黄昏才醒了过来。[1]

这是隋开皇九年（589）的正月初一。雾霾中昏睡不醒的陈叔宝也许不知道，就在这天，隋文帝杨坚派出的大军已兵分两路渡过长江，很快就要兵临城下。[2]

二十天后，这位亡国之君成为俘虏。

俘虏做得很不体面。隋军进入台城时，城中的文武百官跑得一干二净，只有少数几个人留在了宫中。一位忠心耿耿的大臣向陈叔宝建议：着正装御正殿，像当年梁武帝见侯景那样接见隋军将领，这样至少还能保住尊严。

陈叔宝却说：刀锋之下怎么相见？我自有办法。

他的办法是躲进井里。

可惜陈叔宝并没想到隋军会“落井下石”，实际上他也是听见对方扬言要扔石头，才在井底发出声音的。这回轮到敌人大跌眼镜了。他们只放下了一根绳子，却同时拉上来三个人：后主陈叔宝，贵妃张丽华，贵嫔孔某某。[3]

后面的故事便既无趣味也无悬念。红颜祸水张丽华被隋军将领杀掉，据说这很让对她有意的晋王杨广（也就是后来的隋炀帝）感到不快。亡国之君陈叔宝则被带到长安，靠着他的没心没肺和厚颜无耻活够了岁数。[4]

历史却大为改观。之前的中华大地，有四个世纪是分裂和混乱的。三国，两晋，五胡，十六国，南北朝，总体上是四分五裂，南北对峙，动乱不止。但，当陈叔宝从井里被拉上来以后，这一切便都结束了。

一个时代，就这样喜剧性地落下帷幕。

这是一个不能忽略的时代。我们知道，从秦并天下到董卓入京，秦汉“第一帝国”历时四百一十年。从隋文帝灭陈到朱全忠灭唐，隋唐“第二帝国”历时三百一十八年。二者之间这一段，刚好整整四百年。显然，这就不能看作过眼烟云，而应该引起深刻的反省和思考。[5]

是啊，我们为什么会有这样的命运和选择？

不妨来看陈和隋。

被隋文帝灭亡的陈朝是陈霸先建立的，时间则是在侯景之乱以后。这时由于萧衍子孙的争权夺利、骨肉相残和卖身投靠，南梁的国土大面积沦丧。淮南和广陵被东魏所取，益州、汉中、襄阳为西魏所得。南朝原本就只有半壁江山，现在又再丢失一半，简直就不成体统。

也就是说，陈国建立之初，便只是小王朝。

更可怕的是，南方汉族政权得以偏安，原本靠的是从巴陵（今湖南岳阳）到建康的长江防线。但是，由于江陵（今湖北荆州）实际上被西魏控制，长江天险便已不足为凭，陈霸先的国家可谓危如累卵。[6]

因此，尽管陈朝前面几任皇帝都很想振作，却其实已经回天无力。于是就连一度收复的江北诸郡，最后也要再次沦入敌手，陈人也只能再次缩回自己的小窝。[7]

到陈叔宝继位，就只能等着亡国了。

事实上隋文帝的伐陈是有备而来的，出征也是大张旗鼓的。他甚至发表了讨陈宣言，历数陈叔宝二十条罪状，抄写三十万份广而告之。当时，有人认为，兵以诈立，不宜张扬。隋文帝却说：朕替天行道，为什么要保密？如果那小子看了檄文以后就改邪归正，又有什么关系？[8]

隋文帝底气十足。

◎隋军攻占建康示意图

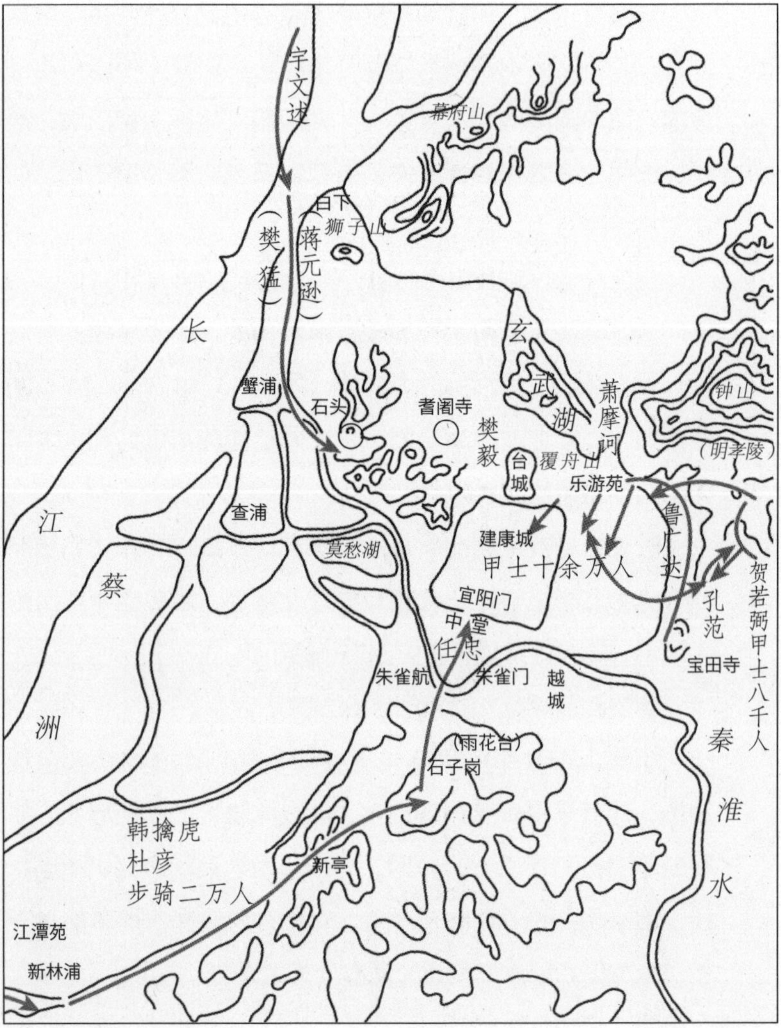
宇文述
幕府山
白下
狮子山
（樊猛）
（蒋元逊）
长
江
蔡
洲
蟹浦
石头
耆阇寺
樊毅
玄武湖
萧摩诃
钟山
（明孝陵）
台城
覆舟山
乐游苑
查浦
莫愁湖
建康城
甲士十余万人
鲁广达
贺若弼甲士八千人
孔范
宜阳门
中堂
任忠
宝田寺
朱雀航
朱雀门
越城
（雨花台）
石子岗
秦
淮
水
韩擒虎
杜彦
步骑二万人
新亭
江潭苑
新林浦

底气是有依据的。当时，隋军的兵力有五十一万八千人之多，将士们也个个摩拳擦掌斗志昂扬。陈叔宝又有什么呢？按照隋文帝的说法，国土不过“手掌之地”而已，哪里能够抵挡天朝的雄师？[9]

陈叔宝却嘻嘻哈哈。

实际上，隋文帝大军压境时，间谍的情报便源源不断地送到了陈廷。然而朝中一位大臣竟说：这都是那些边防将士想立军功，故意夸大敌情。长江自古是天堑，北虏难道能够飞渡？要是能，臣就该做太尉公了！[10]

陈叔宝哈哈一笑，继续夜夜笙歌。

没错，此人治国虽然无能，写情诗倒是十分在行，而且还有代表作，比如《玉树后庭花》。[11]

难怪隋文帝给了他四个字的评价：全无心肝。[12]

看来，陈叔宝作为亡国之君很是合格，隋文帝能够灭陈则在情理之中。实际上，陈朝甚至南梁都早就该亡。他们能够苟延残喘，仅仅因为北方也不太平。

问题出在北魏。

从开创了南北朝时代的那一年（439）起，北魏就是中国北方的主人。此后，他们又在那里维持了差不多整整一个世纪的统一。这无疑要归功于三个人：建立帝国的拓跋珪，开创北朝的拓跋焘，迁都洛阳的拓跋宏。

◎隋军铠甲

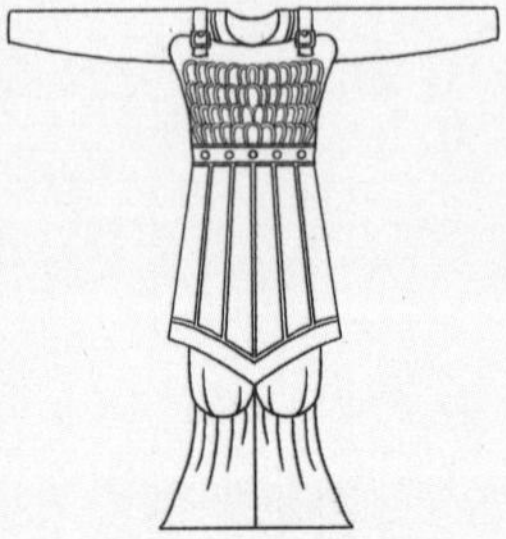

隋代铠甲：两裆铠

隋代铠甲：明光铠

隋代两裆甲武士俑

隋朝滥用武力、四处征讨，强征暴敛的财赋大多消耗于此，不过单就兵器甲胄而言，隋代兵甲的精良也无可否认。除了明光铠之外，两裆铠是隋军又一主要铠甲，而且两裆衫也继续作为文武官员的礼服使用。

可惜迁都洛阳五年后（499），拓跋宏就去世了。他的后继者跟不上他的理想和思路，也把握不了未来的历史走向，更无法掌控改革后的政局。结果，宫廷政变和政治阴谋延绵了三十年。终于，在梁武帝第一次舍身同泰寺的第二年（528），北魏大乱。然后，是分裂。

分裂后的北魏变成了东魏（534）和西魏（535）。两魏表面上都由拓跋后裔继承，实际上东魏的掌权者为鲜卑化的汉人高欢，西魏则由汉化的鲜卑人宇文泰控制。正因为大权其实旁落，所以禅让形式的政变还会发生。最后，东魏变成了北齐（550），西魏变成了北周（557）。

也就在这一年，南梁变成了陈。

齐、周、陈，三国鼎立。

三国当中，北周地盘最大，能量最小——武装力量比北齐弱，政治地位不如陈，文化更是相对落后。然而最后胜出的却是北周。公元577年，北齐首都邺城（今河北临漳）被攻陷，北周重新统一了中国北方。就连陈宣帝从北齐手里夺回的江北诸郡，也被他们夺走。

天下，眼看就是北周的了。

可惜灭亡北齐才一年半，壮志未酬的周武帝就一病不起，享年三十六岁。失去了灵魂的北周立即陷入黑暗和混乱之中，直到一个强有力的人物来收拾局面。[13]

我们知道，他就是隋文帝。

隋文帝杨坚是鲜卑化的汉人，鲜卑姓普六茹，鲜卑名那罗延（意为金刚不坏），爵位隋国公。不过，当这位普六茹·那罗延由隋公晋升为隋王，并改回到他的汉族名字杨坚时，又一出禅让的好戏就上演了，北周也变成了隋。完全统一中国的使命当然也由隋来承担。

于是，四百年的历史就可以这样来概括：统一的大帝国一分为三，这就是三国。短暂统一之后再次大分裂，这就是魏晋十六国。然后是四分五裂变成南北对峙，这就是南北朝。最后是西方战胜东方，北方统一南方，诞生新的中华大帝国，其路线跟当年的秦并天下几乎一样。[14]

奇怪！四百年分裂动荡之后，为什么会重归一统？

统一的进程，为什么是从北到南？

在此之前，北方为什么还要再分裂一次？

从未分裂过的南方，为什么不能完成统一大业？

最后实现统一的，为什么只能是鲜卑化的汉人？

这正是我们想知道的。

淮河南北

北纬33度对于中华民族和中华文明，或许有着特殊的意义。在这个纬度上下，中西部海拔2000米的秦岭阻隔了南北的冷暖气流，其势延伸到东部即是淮河。淮河与秦岭共同构成了中国800毫米降水线的分野：以北，年降水量在800毫米以下；以南，在800毫米以上。

以此为界，中华大地被分为南方和北方。

属于暖温带半湿润地区的北方是辽阔的旱作平原，肥沃的黄土地上生长着小麦和大豆，以及落叶的阔叶林，比如苻坚在前秦的国道旁种植的槐树。每到秋冬之际，漫山遍野便是一片金黄，然后又在转眼之间变成枯黑。当河流和空气都被冻结时，天地间更是充满了肃杀之气。

这是出产血性男儿的地方。

南方却是亚热带湿润地区，即便一月份的平均气温也在摄氏零度以上。树木多为常绿的阔叶林，农作物主要是水稻和油菜。并无结冰期的湖泊里还有菱角和莲藕，当然也有鱼虾和螃蟹。在那风吹稻花香两岸的季节，多情的女子便会为自己的男人献上轻歌曼舞和美味佳肴。

难怪北方建立的政权一旦撤到了南方，便会变得文恬武嬉起来，直把杭州作汴州。也难怪从古到今，一统天下的总是来自北方靠小米和棍棒养大的武装力量。

呵呵，劲草朔风冀北，杏花春雨江南。

淮河南北，是两样的风景。

十六国与南北朝，也是不同的时代。

区别是显著的。从政治的立场看，十六国大分裂，南北朝半统一。从文明的角度讲，五胡不如东晋，北朝胜过南朝。也就是说，分裂的十六国变成统一的北魏后，历史进程就发生了逆转：胡人的北方不断进步，汉族的南方每下愈况。北进南退，统一大业便只能由北方来完成。[15]

这一切，又都与那条南北分界线有关。

事实上从东晋开始，淮河就既是地理分界线，也是军事分界线。后赵与东晋、前燕与东晋、前秦与东晋，都是隔淮而治。淮河南岸从东到西今之淮阴、蚌埠、淮南、信阳一线，也几乎一直是东晋的边防前哨和国境线。

可以说，没有淮河就没有东晋。

同样，没有隔淮而治，也就没有南方和北方。

是的，在华夏文明的思想体系中，原本没有南北两方的概念。南北和东西一样，都是“中国”的外围，而非对峙的两半。从商周到秦汉再到魏晋，华夏民族从来就认为自己住在天下的正当中，全世界也只有这一个中心。这个中心在魏晋之前就叫中国，魏晋之后则叫中原。[16]

中心首先是文化的。也就是说，文化先进的夏族和华族为中，东西南北是蛮夷和戎狄。统一大帝国诞生后，中心又有了政治意义，即帝都所在为中，东西南北是帝国的郡县。换句话说，秦汉以前只有中国和四方，秦汉两代则只有中央和地方，没有以淮河为界的南方和北方。

汉的中央就是长安和洛阳，魏晋则只有洛阳。洛阳的地理位置，正好在秦岭至淮河南北分界线的中间偏北。看来周公他们把洛阳称为“中国”（请参看本中华史第三卷《奠基者》）并非没有道理，甚至堪称慧眼独具。何况从东汉到西晋，洛阳还做了近三百年帝都，当然是中心。[17]

然而公元311年洛阳的失守，以及五年后长安的沦陷把这一切都改变了。一方面，这两座文明古城像日耳曼蛮族刀锋下的罗马和米兰一样惨遭蹂躏；另方面，大批中原士族纷纷南下，试图把建康变成中国的拜占庭。

这时，我们就有了多种选择。

第一种是放弃长安和洛阳，华夏文明全面南移，以建康为中心重振旗鼓，并向更南边的福建、广东、广西和海南发展，实现这些地区的彻底华夏化，就像亚历山大之后北非的希腊化。中原地区则让给胡人，让他们发展壮大建立自己的文明，就像希腊北边的罗马。

可惜这并不可能。入主中原的并非只有一个民族，而是五个。他们当中也没有谁堪比罗马。偏安江左的汉族人民和士大夫也不愿意拱手相让，甚至直到陈朝时期仍然希望收复中原。事实上他们也未必没有这个能力，只是由于后面将要讲到的原因，这一愿望总也未能实现。

因此其他的选择同样没有可能。比方说，由北方胡人统一中国，实现全中国的全盘胡化。或者反过来，入华的五胡尊奉建康政府为宗主，组成以晋皇帝为天子的中华联邦，然后融入华夏文明，实现他们的全盘汉化。

显然，这都无异于痴人说梦。

不可能的原因是多方面的，比如秦岭、淮河的阻隔以及双方综合国力和军事实力的势均力敌。更重要的是，无论胡汉都认同华夏文明，争执仅仅在于谁更有代表权。建康方面和汉民族当然不会自动弃权，北方胡人如前秦苻坚或拓跋北魏，则宣称只有他们才代表华夏正宗。

胡与汉，都认为自己是中华，是老大。

于是，一个中心变成了两个，只不过一南一北。

结果是有了南北朝。

有了南北朝，这才有了南方和北方。

地分南北并无不妥，两个中心却有问题。因为从商周到汉魏，华夏文明从来就是先聚焦于一处，然后再向文化气息稀薄的外围扩散。更何况多中心即无中心，除非它们能像长安和洛阳那样，相互依存又各有分工：长安融合东西，洛阳沟通南北；长安代表进取，洛阳代表稳定。[18]

建康与北方的“胡都”却不是这样。

何况胡人们的首都星罗棋布，还飘移不定。[19]

这样看，拓跋宏的迁都洛阳就意义重大。事实上，正是在这里，他为后来的隋文帝和唐太宗理顺了思路，进行了试点，积累了经验，聚集了人气，也留下了希望。尽管后来的东魏和西魏都放弃了洛阳，也尽管隋文帝创立新帝国，唐太宗建设新文明，都不在洛阳而在长安。

其实长安也地位尊贵。毕竟，关中是周、秦和西汉的龙兴之地。五胡中的四大天王——匈奴的前赵，羯人的后赵，氐人的前秦，羌人的后秦，竟有三个以长安为都（前赵刘曜，前秦苻健，后秦姚苌），恐怕并非没有原因。

只有隋炀帝和武则天，更喜欢洛阳。[20]

相比较而言，建康就差得远了。

现在叫做南京的建康，原本也是气象非凡的。诸葛亮就曾这样赞叹：钟山龙盘，石城虎踞，此帝王之宅！然而怎么样呢？王濬楼船下益州，金陵王气黯然收。从西晋灭吴起，此间建立的政权便都是短命的小王朝。[21]

北魏将建康政府称为“僭晋”，也并非没有道理。

然而即便不算孙吴，建康作为帝都也有连续二百七十年的历史，时间并不比洛阳短多少，北魏反倒在迁都洛阳之后不久就陷入内乱。更何况南方的潜力早在三国时期就已经显示出来。曹操荡平北方群雄一如秋风扫落叶，却始终不能跨过长江一步，便是证明。

看来，建康和洛阳都不必对历史负责，需要负责的只能是人。实际上中原的混乱和南北的对峙会持续二百七八十年之久，恐怕就因为南方和北方都有问题。只不过在十六国那会，北方麻烦更多，所以五胡不如东晋；到南北朝时代，则南方问题更大，因此北朝胜过南朝。

那么，他们的问题是什么？

长城内外

先看北方。

北方的边界是长城，正如南北的分野在淮河。淮河是天然的，长城却是人为的。早在南北朝之前，长城就已经成为一条分界线，把内地与外族区分开来。那个时候，长城以外的地老天荒才是北，长城以内淮河以北则是中，是文化先进文明璀璨的中国和中华，也叫中土和中夏。[22]

与夏相对应的是夷，是蛮夷戎狄，也叫胡。

毫无疑问，在这种并不礼貌的称谓背后，有着文化的优越感，也有着民族的自信心。只不过谁都没有想到，有一天事情竟会变成这样：长城之外的戎狄成了内地的主人，原来的主人则被撵到东南一隅，并被称为岛夷。

长城内外，天翻地覆。

这样的变化谁都无法适应，包括那些胜利者。面对突然出现的权力真空和历史舞台，他们只能各自占山为王或者次第登场，淋漓尽致地表现出自己的血性和蛮野，并把好端端的中原大地变成破碎的山河。

五胡十六国之乱，原因就在这里。

然而即便在这空前的动荡之中，文明的力量也仍在顽强地生长，从混乱走向有序则是各族人民的共同心愿。于是前有后赵石勒的小统一，后有前秦苻坚的大统一。尽管两次统一都很短暂，未来的走向却毋庸置疑。而且无论羯人的后赵，氐人的前秦，鲜卑的北魏，都自称中华。

这就跟罗马不同。

曾经的世界领袖西罗马帝国，是在北魏冯太后开始体制改革那年（476）灭亡的。命丧黄泉的西罗马分裂为诸多的碎片，只有东边的拜占庭帝国活到了中国明朝的景泰年间，最后在1453年被奥斯曼土耳其人征服。也就是在这一年，英国和法国打完了他们的百年战争。

不过，拜占庭虽然号称东罗马，却其实是另一个国家，也是另一种文明。至少，它的初期更像是亚历山大帝国的起死回生，希腊传统的借尸还魂，再加上基督教会的社会革命，而不是罗马文明的伟大复兴。真正的罗马文明，从迁都君士坦丁堡那天起就已经死了。

事实上罗马也是先分裂后灭亡，而且这种分裂跟三国和南北朝也不可同日而语。三国都是汉族政权，北朝则实行双语制，东西罗马却分别是希腊语和拉丁语文化区。于是东罗马渐行渐远，法语、意大利语、西班牙语和葡萄牙语，则在西罗马破碎的土地上由日耳曼人创造出来。

中华与罗马，是不同的裂变。

也许，只有一样东西是大家都喜欢的，那就是皇帝的称号，只不过罗马叫恺撒。德意志和奥地利的Kaiser其实就是恺撒，俄罗斯的沙皇也是。但，他们似乎并没像拓跋焘自命为中华皇帝那样，说自己是罗马皇帝。[23]

不是罗马皇帝，就没有义务复兴罗马文明，也不必重新统一帝国的天下。何况罗马文明原本就是次生的，之前早就有西亚文明、埃及文明、波斯文明和希腊文明。因此，罗马境内的日耳曼人即便已经罗马化，也不一定要对罗马文明从一而终，完全可以分家自己过日子。

中华文明却是原生的。由于喜马拉雅山脉和帕米尔高原的阻隔，西亚和印度文明对中国其实影响甚微，至少在魏晋之前是这样。而且在当时的东亚地区，中华也是唯一的文明。因此，长城之外的游牧民族就只有两个选择：要么继续停留在部落时代，要么越过长城与中华认同。

五胡选择了后者。

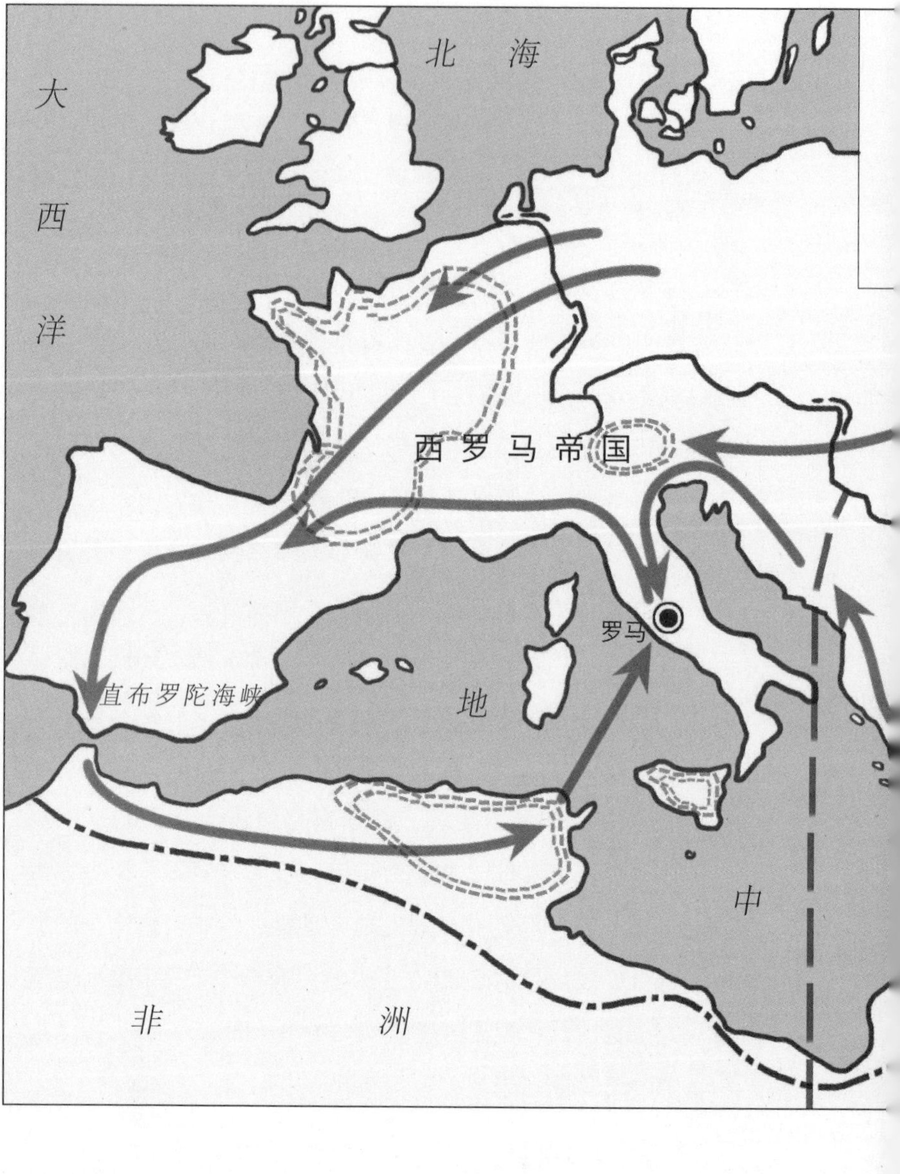

北海
大西洋
西罗马帝国
罗马
直布罗陀海峡
地
中
非洲

4世纪末罗马帝国疆界
395年东西罗马帝国分界线
人民起义主要地区
日耳曼人入侵路线
欧
洲
黑
海
亚
君士坦丁堡
(拜占庭)
小亚细亚
东罗马帝国
海
洲

◎罗马帝国的分裂

而且，他们也早就越过长城了。

罗马却没有长城，只有大道。条条大路通罗马与长城内外分夷夏，是两种不同的模式和取向。前者意味着文明可以是多元的，也可以新建，哪怕付出代价。后者却认为世界只有一个中心，文明只有一种形态，我们也只有一种选择，那就是守住自己的根基，哪怕重新整合。

否则，就只有毁灭。

四百年动荡分裂之后还得重归一统，重新统一后建设的也只能是中华文明，原因大约在此。

问题仅仅在于谁来统一。

历史选择了鲜卑拓跋部。

这似乎没有道理。因为鲜卑在五胡当中是文化最落后的，拓跋在鲜卑各部中又最落后。但，战国七雄中，秦国不是相对逊色吗？西方国家中，美国不是崛起最晚吗？看来文化落后并不要紧，关键在善于学习并勇于创新。

何况先进有先进的问题，正如大有大的难处。事实上罗马和东汉终于灭亡，就因为这两种文明都已经由成熟而至于烂熟，走到了发展的尽头。这个时候，依靠自身的力量已无法革故鼎新，只能借助外力来再造辉煌。遗憾的是，日耳曼人没能给罗马输血，他们把它肢解了。[24]

之后，便有了欧洲五彩斑斓的版图。

鲜卑人却进退两难。

表面上看，他们可选的道路很多。上策是称霸中原荡平天下建立统一大帝国，中策是割据一方安营扎寨保住小政权，实在不行则退回漠北，像其他那些游牧民族一样继续充当劫匪，寇略中原，满载而归，来去匆匆。

但，进入内地定都平城变成农业民族以后，第三条道路在事实上已无可能。像鲜卑同胞慕容部的前燕等等那样昙花一现，则等于坐以待毙。置于死地而后生，已无退路的鲜卑拓跋部只能朝着成为中华帝国的目标挺进。

问题是，作为少数民族和后起之秀，北魏即便能够实现统一，也无法将中国鲜卑化。这不可能，也不应该。他们唯一能做的，是先改变自己，再改变中国。

要想得天下，必须中国化。

冯太后锐意革新，拓跋宏全盘汉化，原因即在于此。

实际上，这也是必由之路。

然而这就意味着数典忘祖伤筋动骨，也意味着改变鲜卑人的文化传统，损害某些人的既得利益。因此统一了将近一个世纪的北方还得再分裂一次，变成东魏和西魏。东魏和西魏也得各自再政变一次，变成北齐和北周。

北齐与东魏，北周与西魏，名为两朝，实为一体。因为掌握实权的，东魏和北齐都是高欢一族，西魏和北周都是宇文泰一家。宇文泰是汉化的鲜卑人，高欢则是鲜卑化的汉人。汉化的鲜卑和鲜卑化的汉，最后谁能胜出？

鲜卑化的汉人。

但，不是高欢，而是杨坚。

杨坚知道，黄河九曲十八弯，最终要流入大海。天下不定，根本问题在民族关系。高欢调和民族矛盾，结果被北周所灭；宇文泰要汉人鲜卑化，结果为隋所亡。只有做到了“汉胡互化，以汉为主”的隋，才最后成功。[25]

隋唐帝国的人民是一个新的民族。这个新民族融入了匈奴、羯、氐、羌和鲜卑各部，因此可以叫做新汉族。在下一阶段，他们将是中华文明的主要创造者。

三四百年的民族大混血，至此功德圆满。

鲜卑脱胎换骨，北魏凤凰涅槃，新诞生的隋帝国其实是拓跋魏的升级版。他们和唐帝国的创始人，都是民族混血儿中的佼佼者，身上有着华夏文明的遗传基因，也有着少数民族的生命活力。创造新历史，他们当仁不让。

这可是南人无法匹敌的，何况他们自己还有问题。

那么，南朝的问题又在哪里？

沼泽地

北方的问题在民族，南方的问题在阶级。

阶级斗争是南朝政治的主旋律。宋文帝刘义隆即位后一年多，就诛杀了把自己推上帝位的徐羡之和傅亮（请参见本书第三章），便正是斗争的表现：怂恿刘义隆杀掉这两个人的都是名门望族，徐羡之和傅亮却是庶族寒门。

这很不寻常。

前面说过，作为门阀政治的掘墓人，宋武帝刘裕依靠的主要是皇族和庶族。后者掌握朝政，前者则掌握军权和政区。此后，寒门掌机要，外藩托宗室，便成为南朝的基本国策。这固然因为宋、齐、梁、陈的开国之君都出身寒门庶族，也因为士族已经腐朽没落，不堪重任了。[26]

那么，刘义隆为什么要杀徐羡之和傅亮？

也许是因为恐惧。

事实上，当徐羡之和傅亮迎奉刘义隆入京为帝时，义隆的许多部将都表示担忧和疑虑，只有出身名门的一些人力主成行。他们的说法是：徐羡之中才寒士，傅亮布衣诸生，这样的泥鳅根本就翻不起大浪，何足为惧？[27]

刘义隆却很清楚，事情没有那么简单，寒门也未必就是省油的灯。作为顾命大臣，徐羡之和傅亮既然胆敢谋杀皇上和王爷，又岂能保证他们不会再起图谋？这些靠着侥幸和投机进入上层的小人，根本就没有道德底线。因此刘义隆坐稳江山之后，那两个家伙便必须人头落地。

南朝的阶级斗争，也血淋淋地拉开了帷幕。

血案的背后是深刻的历史背景和纠结，那就是士族地主与庶族地主两个阶级的权力和路线之争。这种斗争表现为皇族与士族、庶族的三角恋爱，也表现为他们的三国演义，因此波诡云谲，却又并无道理。因为按照商鞅变法和秦并天下的逻辑，帝国根本就不该有阶级。

的确，作为地主阶级与领主阶级斗争的产物，帝国的意志原本是要消灭阶级的。在这种新的制度下，原来的封建贵族没有了。皇族以外的所有人无论贵贱贤愚，统统成为帝国的编户齐民，包括后来当了皇帝的刘邦。

编户齐民，就是编入户籍，一律平等的意思。

当然，是在皇权面前人人平等。

这是一场深刻的政治和社会革命。有此革命，天下才能真正归于一统。于是有刘邦的诛灭功臣，晁错的削藩之策，武帝的推恩之法（请参看本中华史第七卷《秦并天下》、第八卷《汉武的帝国》）。究其所以，就是不允许在皇帝与平民之间，再有一个阶级或阶层。

士族却把这个制度破坏了。

首先，他们有做官特权。其次，他们有免税特权。更严重的是，根据两晋政府颁布的占田令和占客令，他们合法地占有一定规模的土地和一定数量的佃客。佃客则不自立户籍，也不负担国家课税，完全是豪门的依附人。[28]

佃客之外还有部曲，也就是家丁和庄客。他们平时种田、战时打仗，实际上是世家大族的私人武装。从东汉末年起，部曲就作为亲兵跟随主人南征北战，往往在关键时刻起着重要作用。而且由于历届政府对部曲的数量从无限制，招募部曲就成了土豪们扩军备战的重要手段。[29]

此外还有食客和门生。他们是出身卑微的士人，依靠攀龙附凤在豪门那里分一杯羹。由于士族垄断了仕途，这些人是有利可图的，比如主人做刺史，他们做县令。因此食客和门生虽然地位比幕僚低，情谊却更亲近。[30]

佃客、部曲、食客、门生，就是依附人。

世家大族与依附人之间，是君臣关系。就连某些地方官自己招聘的僚属，虽然不是依附人，也视长官为君，终身追随不离不弃，只知有家不知有国，跟春秋时期的家臣与大夫一样（请参看本中华史第四卷《青春志》）。[31]

也就是说，汉末魏晋俨然退回到秦汉以前，国家无封建之名而有封建之实，士族无诸侯之名而有诸侯之实，难怪日本学术界有"六朝贵族政治"一说。[32]

实际上，士族虽然没有世袭的爵位和封地，因此并非真正的贵族，派头却绝不亚于春秋的大夫。表现之一，就是与寒门庶族严格划清界限。士族如与寒门通婚，便会成为骇人听闻的事情；寒门若想与士族同坐，即便有皇帝的旨意也不能如愿，因为士族根本就羞与为伍。

这实在是没有道理。

无理是显然的。且不说士族与庶族同为帝国子民，就算有士农工商之别，世族与寒门也都是士人，难道也要分高低？然而让人大跌眼镜的是，不但士庶有如天壤，士族内部也有贵贱之分。比如，说洛阳话的北方士族就高于说吴语的南方士族，南下的北方士族又要分先来后到。

于是，阶级和等级被人为地制造了出来。而且，正如北方之有五胡，南方的社会阶层也变成了五个：世家大族、寒门庶族、编户齐民、依附人、奴隶。[33]

这是一种怪异的结构。

怪异是肯定的。士族和庶族原本都是地主，却变成两个阶级；佃客和部曲原本都是编户，却变成依附人；率土之滨原本莫非王臣，豪门大族却自成体系逍遥法外。这样怪异的现象，也只有在那乱世才会成为现实。

结构的怪异只能造成心理的变态和社会的畸形，何况这种毫无道理的森严等级和阶级壁垒，已经严重威胁到政权稳定和国家安全。统治集团内部既不能精诚团结，士族凭借种种特权和众多依附，也足以与皇室分庭抗礼。长此以往，岂非国将不国？是如可忍，又有孰不可忍？

东晋政权却只能忍气吞声。因为司马睿在建康建立流亡政府时，所有的资源都在士族手里，自己只是徒有其名的光杆司令。因此他和他的后继者别无选择，只好让出实权和实惠，甚至尊严和体面，与世家大族共治天下。

可惜就连这都是一厢情愿。

实际上，士族对于皇室的态度，是只共治不共存。在他们看来，家族的门第声望远比国家政权重要，因此，可以为了保全家门而拥护中央，却绝不会为了服从中央而牺牲门第。为此，即便放弃中央或改换门庭甚至卖身投靠，也在所不惜。要知道，当时无论南北胡汉，都承认门阀制度和士族特权。既然如此，谁当皇帝又有什么关系？[34]

这样的士族，简直就是帝国的癌细胞。

不过治疗的方案却让统治者为难。篡晋的桓玄，建宋的刘裕，都主张动手术；后来的宋文帝和梁武帝，则似乎倾向于保守疗法。事实上，正是由于刘义隆和萧衍在起用寒门的同时也善待士族，这才各自有了数十年的太平。

然而，早在南朝之前，东晋就病入膏肓。因此，宋文帝的元嘉之治也好，梁武帝的天监之治也罢，都不过回光返照，之后则是更加不可救药的堕落。梁亡前，国土面积已经最小，社会风气已经最坏，世家子弟已经最不中用。侯景杀进来时，他们毫无还手之力和自救之方，只能抱着玉器饿着肚子，穿得漂漂亮亮地坐在家里等死。

梁武帝也最可悲。他并非不努力，却无论怎样都事与愿违：善待宗室却众叛亲离，调和士庶却势同水火，以德治国却道德沦丧，建立信仰却失魂落魄。他就像陷入了沼泽，越是挣扎，灭顶之灾就来得越快。只不过这沼泽不是他个人的，而是整个时代、民族和社会的。

那么，我们能够走出这片沼泽地吗？

如果能，出路又在哪里？

整合的力量

梁武帝第二次舍身同泰寺那年（529），拜占庭帝国颁布了《敕法汇集》。由于这部法典是皇帝查士丁尼（Justinian）下令编纂的，因此也叫《查士丁尼法典》。

之后，十六人的委员会又完成了《法学汇编》、《法学总论》和《法令新编》。其中，《法学汇编》被称为“罗马法的圣殿”，《法令新编》则用希腊语写成。四部法典合起来统称《民法大全》，并被公认为是西方法律之母。[35]

如此浩大而重要的工程，无疑是对人类文明的卓越贡献，查士丁尼也因此被称为“最伟大的立法者”。尽管他还有别的遗产，比如索菲亚大教堂；也还有别的头衔，比如“大帝”的称号，但《民法大全》肯定最为不朽。[36]

那么，这是一位怎样的皇帝？

跟刘裕等人一样，查士丁尼一家子都出身贫寒。那位收他为嗣子的前任皇帝甚至目不识丁，只能用木刻的图章来代替签名。他自己的皇后狄奥多拉（Theodora）则是马戏场粗鲁无礼的看门人或驯兽师的女儿，婚前的形迹十分可疑，在上流社会的眼里完全不够资格母仪天下。

查士丁尼却被这来历不明的女人深深吸引，尽管她可能曾经与多个男人有染。为此，他请求父皇修改了相关法律。没错，门当户对在中国只是风俗习惯和思想观念，罗马帝国却明文规定元老院议员不得与下层女子结婚。

狄奥多拉也没有辜负查士丁尼。在后来那些艰难的岁月里，她不但坚定不移地站在夫君一边，而且成为查士丁尼的精神支柱。在一场类似于侯景之乱的暴动中，她只用一句话就镇住了主张弃城出逃的那些人：帝王的权力是最好的殓尸布，统治者一旦成为逃亡者那就连死都不如。

听完这话，查士丁尼重新变成了男人。

平息暴乱或镇压起义的一年后，意气风发的查士丁尼重整山河。公元533年，灭亡汪达尔王国；535年，占领西西里和意大利南部；536年，收复罗马城；554年，灭亡东哥特王国，同时将西哥特人占有的西班牙东南部等地收入囊中。至此，地中海重新变成了罗马的内湖。[37]

当然，是东罗马帝国的。

罗马梦实现了，查士丁尼如愿以偿。

不能不说查士丁尼是一个幸运儿。上帝不但赐给他狄奥多拉，还赐给他足够多的时间：享年八十三岁，执政三十八年。这在罗马帝国的历史上实属罕见，跟享年八十六岁执政四十八年的梁武帝相比，也只是略为逊色。[38]

甚至就连两人的时代背景和奋斗目标都极为相似。查士丁尼有罗马梦，梁武帝有中华梦。为了重建罗马或振兴中华，他们也都借助于宗教，只不过梁武帝礼拜佛祖，查士丁尼信仰上帝。他的理想，是一个国家（罗马帝国），一部法典（民法大全），一个教会（基督教会）。

查士丁尼是罗马人的梁武帝。

当然，他们也都清楚，宗教不能代替一切（政教合一的伊斯兰国家是以后的事，请参看本中华史第十四卷）。因此，查士丁尼要以"主耶稣基督的名义"编纂法典，梁武帝则在大兴佛教的同时制礼作乐。[39]

没错，一个讲法治，一个讲礼治。

礼治和法治，是传统中国与西方世界的重大区别，其中的成败得失一言难尽。要说的是，查士丁尼实现的罗马梦只是昙花一现，梁武帝则在活着的时候就一败涂地。他的理想其实是在中国北方实现的，靠礼治获得成功的也是另外一位武皇帝——北周武帝宇文邕（读如雍）。

这是一件发人深省的事情。

前面说过，在鼎立的陈、齐、周三国中，北周原本是最弱的，然而，最后胜出的却是他们。这不能不在一定程度上归功于周武帝。毕竟，再次分裂的北方是因为他而重新统一，新帝国的基业也其实由他生前奠定。他的不幸是壮志未酬英年早逝，但一统天下却是他的毕生追求。[40]

当然，北周的创始人宇文泰尊崇周礼的治国理念，以及他奉行的仁义、孝悌、忠信、礼让、廉平、俭约等儒家伦理，也被全盘继承。换句话说，礼治天下的设想在周武帝这里得到了很好的实现。从这个意义上看，周武帝不愧宇文泰的后继者，隋文帝则不过是政治遗嘱的执行人。[41]

他们实现的，也都是梁武帝曾经的梦想。

那么，梁武帝为什么失败？周武帝为什么成功？

抓住了根本，找对了路径。

根本就是人心，人心需要凝聚。事实上，四百年的动荡既表现为国家分裂，也表现为人心涣散。胡人与汉人有民族矛盾，庶族与士族有阶级斗争，佛教与道教有门户之见。要想平定天下，必须先把他们都整合起来。

这需要力量，也需要旗帜。

力量只能来自统治者，当时的民间没有这个能力。旗帜则不能是某种宗教，因为宗教并非中华传统。实现大一统的中华梦，本土的道教无能为力，北魏太武帝已经证明；外来的佛教也无济于事，南朝梁武帝也已经证明。

唯一可行的，是整合儒、释、道。

梁武帝就是这样做的。只不过他的办法，是把孔子和老子说成佛陀的弟子，即“三教同源源于佛”。周武帝也想兼容三教，只不过他排定的座次，是儒学为先，道教为次，佛教最后，尽管他曾经一度以道教为最上。[42]

可惜三家谁都不服，世俗地主与僧侣地主的矛盾则日益加深。更重要的是，富国强兵的需要逼得他“求兵于僧众之间，取地于塔庙之下”，再也不能温良恭俭让。[43]

周武帝决心斩断争论。

公元574年，也就是北周灭北齐的三年前，周武帝下诏同时禁止佛、道两教，不但烧毁经书偶像，还命令僧人和道士一律还俗，是为中国佛教史上第二次大法难。[44]

手无寸铁的僧侣当然无法抗拒。据说，周武帝在被兼并的北齐宣布灭佛令时，大殿里聆听训示的五百僧侣全都低头垂泪，只有一位僧人抗声争辩：陛下仗着皇权破灭佛门，就不怕进阿鼻地狱吗？那地方可是不分贵贱的。

周武帝却不为所动。他两眼直视那位僧人，毫不客气地回答：百姓若有人间之福，朕也不辞地狱之苦。[45]

这实在很有气魄。

毫无疑问，利用公权力来干涉宗教信仰，并不是一件可取的事情，但在当时却有着非凡的意义。我们知道，北周政权的鲜卑色彩原本很浓，许多汉族将领甚至都被迫改用鲜卑姓氏。周武帝却把这件皇帝的新衣脱了下来。他原话是：朕非五胡，为什么要信佛？[46]

这就对了。现在已经没有五胡，只有中华。后来的历史则证明，民族融合要以汉为主，汉胡互化；意识形态要以儒为主，并容佛道。这是最适合当时国情的选择。

周武帝远见卓识。

其他人也没有错。实际上，太武帝之尊奉道教，梁武帝之皈依佛门，周武帝之推崇儒学，都是在为将来的三教合流长期共存做准备。这三位武皇帝也都有着开放的心态和长远的目光，这才置自己的族别于不顾，甚至反其道而行之。因此，当隋文帝杨坚改回汉姓并再度崇佛时，一种更具开放性和兼容性的新的文明，便已是呼之欲出。

我们知道，那将是伟大的世界性文明。

本卷终

请关注下卷《隋唐定局》

后记

一国两朝，南方北方

如果要用一句话来概括南北朝的历史意义，我认为那就是：原来有的没了，原来没的有了。

什么没了？

五胡。

什么有了？

南北。

五胡是被消融而非消灭的。匈奴、羯、氐、羌和鲜卑都融入了新汉族，途径则是通婚混血和移风易俗。不过这种变化是双向的，汉化的同时也在胡化。比如双脚着地坐在椅子上，就是胡人的坐法。汉人的坐法是双膝前跪，席地而坐。现在谁要恢复这汉家风度，恐怕很难。

不穿裤子，改为“上衣下裳”，也很难。

诸如此类的“胡作非为”还有很多，包括“胡思乱想”和“胡言乱语”。比如以时间为世，空间为界，合称世界；以认识为智，领悟为慧，合称智慧，便是胡人的思想方法。只不过那“胡人”不在五胡之中，而在印度。

语言也一样。现在的普通话中，胡语胡音不少。有后来蒙古人和满族人的，恐怕也有当年五胡的。正宗的“中原雅言”倒是有一些保留在闽南话中，可惜，听得出来的人不多。同样，找到懂鲜卑语的，也不容易。

历史上的五胡与汉，已经融为一体。

汉胡界限模糊之后，南北分野便突显出来。士族，南方的尚清谈，北方的尚实务；佛教，南方的重玄理，北方的重践行；文艺，南方秀丽唯美，北方雄浑质朴。那些厚重的石窟比如敦煌、麦积山、云冈、龙门全在北方，骈文和诗歌等文学方面的成就则南方更高，都绝非偶然。

南方与北方，俨然两个世界。

此后，关于南北差异的说法越来越多，比如，南腔北调和南拳北腿。前者的意思是：北方方言只是声调不同，南方方言则连读音都两样。后者的意思是：南方人打架喜欢用拳，北方人动武喜欢用腿。就连男女关系暧昧，南北说法都有不同：南方叫“有一手”，北方叫“有一腿”。[1]

南人与北人的区别，自然也就成了许多人津津乐道的话题。顾炎武就说，北方学者的问题，是饱食终日，无所用心；南方学者的毛病，是群居终日，言不及义。鲁迅先生则说，北人的优点是厚重，缺点是愚钝；南人的优点是机灵，缺点是狡猾。总之是大为不同。[2]

南人与北人，俨然两个民族。

同一个民族中有两种不同的文化，似乎不大可能。然而按照林语堂先生的说法，南人和北人在身体、性格和习俗上的差异，甚至不亚于地中海人和日耳曼人。至于原来的胡汉之别，可是一点都看不出来了。[3]

所有这一切，追根溯源都要拜魏晋南北朝所赐。没有那三四百年的隔淮而治和风云激荡，就不会有我们今天的文化和文明。种种故事，也就无从说起。

原来有的没了，这才有了政治上的一国两朝。南朝和北朝都认自己为中华帝国，称对方为魏虏或岛夷，正所谓“一个中华，各自表述”。原来没的有了，这才有了文化上的南方北方。从此，长江流域与黄河流域并驾齐驱，隋唐开创的新中华将诞生在两河之间，一直延续至今。

这就是魏晋南北朝影响后世的根本所在。因此我的说法也许“很不专业”，却很有文化。文化远比专业重要。至少对我来说，是宁可“不专业”，也不能“没文化”的。

当然，这已是题外话。

注释

第一章

1 本节史实和描述请参看崔连仲主编《世界通史·古代卷》，郭圣铭《世界文明史纲要》，（英）韦尔斯《世界史纲》，美国时代生活公司《全球通史》，（日）盐野七生《罗马人的故事》，上海辞书出版社《世界历史辞典》。

2 公元434年，阿提拉与其兄共同成为匈奴王。444年或445年其兄卒，阿提拉成为唯一统治者。443年，他率领匈奴人进兵君士坦丁堡。450年入侵高卢，抵达奥尔良。451年，与罗马、西哥特和法兰克联军会战于沙隆。

3 请参看（英）约翰·曼《上帝之鞭阿提拉》。

4 比如（英）韦尔斯《世界史纲》即将中国匈奴人称为Huns。但（英）约翰·曼《上帝之鞭阿提拉》一书译者谢焕认为中国匈奴人的英文名应是Xiongnu。

5 汉匈第一次和亲是在公元前200年，刘渊称王则在公元304年，其间长达504年。历史上，刘邦和刘备都曾称汉王。

6 以上见《晋书·刘元海载记》、《资治通鉴》卷八十五。另请参看（法）勒内·格鲁塞《中国的文明》，新世界出版社。

7 见《晋书·刘元海载记》。

8 见《晋书·刘曜载记》。

9 见《晋书》之《孝怀帝纪》、《孝愍帝纪》。

10 见《晋书·刘聪载记》。

11 见《晋书·孝愍帝纪》。

12 见《中国大百科全书（第一版）·民族卷》。

13 以上见《晋书·石勒载记上》。

14 见《晋书·张宾传》。

15 以上见《晋书·石勒载记上》，《资治通鉴》卷八十八、八十九。

16 以上见《晋书·石勒载记下》。

17 见《中国大百科全书（第一版）·民族卷》。

18 以上见《晋书·苻坚载记上》。

19 见《晋书·王猛传》。

20 见《晋书·苻坚载记上》。

21 见《晋书》之《苻坚载记上》、《王猛传》。

22 见《晋书·苻坚载记上》。

23 见《晋书·王猛传》。

24 见《晋书·苻坚载记下》。

25 见《晋书》之《苻坚载记下》、《谢玄传》。

26 见《晋书》之《苻坚载记下》、《谢玄传》，《资治通鉴》卷一百五，台湾三军大学《中国历代战争史》。

27 见《晋书·苻融传》。

28 见《晋书》之《苻坚载记下》、《王猛传》、《苻融传》，《资治通鉴》卷一百五。

29 见《晋书》之《苻坚载记下》、《慕容垂载记》，《资治通鉴》卷一百五。

30 见《晋书》之《苻坚载记下》、《姚苌载记》，《资治通鉴》卷一百五、卷一百六。

第二章

1 请参看顾准所译（英）林恩·怀德《中世纪的技术和社会变革》，原文题为《〈马镫和封建主义——技术造就历史吗？〉译文及评注》，该文收入《顾准文集》。

2 1965 年，辽宁省北票市冯素弗石椁墓中出土的双马镫，是现存世界最早的双马镫实物，比欧洲出土的早三百年以上。冯素弗是十六国时期北燕鲜卑化的汉人贵族，死于公元415 年。1977 年，呼和浩特市大学路北魏中期墓葬出土的陶马俑上绘有一对马镫，亦为拓跋鲜卑人使用马镫的实物见证。

3 以上据《魏书·序纪》，《北史·魏本纪》，《中国大百科全书（第一叛）·民族卷》，林惠祥《中国民族史》，范文澜《中国通史》，翦伯赞《中国史纲要》，樊树志《国史概要》，周时奋《中国历史十一讲》。

4 请参看（日）川本芳昭《中华的崩溃与扩大·魏晋南北朝》。

5 苏维汇王国建立于公元409 年，比西哥特王国早，但西哥特是第一个得到罗马帝国承认的蛮族王国（请参看刘明翰主编《世界史·中世纪史》），因此这里不将苏维汇王国和公元568 年才建立的伦巴德王国计算在内。

6 请参看（英）韦尔斯《世界史纲》、（英）戴维斯《欧洲史》。

7 请参看刘明翰主编《世界史·中世纪史》。

8 请参看（英）韦尔斯《世界史纲》、刘明翰主编《世界史·中世纪卷》。

9 以上请参看《魏书·太祖纪》、《资治通鉴》卷一百一十、范文澜《中国通史》。

10 请参看范文澜《中国通史》、翦伯赞《中国史纲要》、（日）川本芳昭《中华的崩溃与扩大·魏晋南北朝》。

11 见《魏书·太祖纪》。

12 见《魏书》之《清河王传》、《太祖纪》。

13 见《魏书·太祖纪》、范文澜《中国通史》。

14 见《魏书·崔玄伯传》。

15 次于拓跋焘的有两个：拓跋珪在位二十四年，享年三十九岁；拓跋宏在位二十八年，享年三十三岁。

16 见《魏书》之《世祖纪下》、《南安王传》、《宗爱传》，《资治通鉴》卷一百二十六。

17 见《魏书·宗爱传》。

18 见《魏书·宗爱传》、《资治通鉴》卷一百二十六。

19 见《资治通鉴》卷一百二十六之《考异》。

20 以上论述请参看（日）川本芳昭《中华的崩溃与扩大·魏晋南北朝》。

21 崔浩对拓跋晃的态度恶劣，见《魏书·高允传》；拓跋晃与崔浩关系紧张，见《南齐书·魏虏传》。

22 见《魏书·崔浩传》。

23 以上见《魏书》之《崔浩传》、《高允传》，《资治通鉴》卷一百二十五。

24 陈寅恪先生即认为，崔浩之死既不是因为夷夏之辨的民族问题，也不是因为佛道之争的宗教问题，而是因为社会阶级问题。见陈寅恪《魏晋南北朝史讲演录》。

25 见《魏书·高允传》、《资治通鉴》卷一百二十五。

26 见《魏书·高允传》。

27 见《魏书·文成文明皇后冯氏传》，同时请参看樊树志《国史概要》。

28 见《魏书·文成文明皇后冯氏传》。

29 请参看（日）川本芳昭《中华的崩溃与扩大·魏晋南北朝》。

30 见《魏书·文成文明皇后冯氏传》、《资治通鉴》卷一百三十一。按：冯太后政变是在北魏天安元年（466）二月二十五日（庚申），拓跋宏出生则在皇兴元年（467）八月十四日（戊申）。因此即便拓跋宏系冯太后之子，政变时也不会怀孕。

31 以上见《魏书》之《任城王云传》、《李冲传》，《资治通鉴》卷一百三十八。

32 见《魏书》之《文成文明皇后冯氏传》、《李冲传》，同时请参看樊树志《国史概要》。

33 见《资治通鉴》卷一百三十九。

34 见《魏书·高祖纪》、《资治通鉴》卷一百三十九。

35 以上见《资治通鉴》卷一百四十。

36 见《资治通鉴》卷一百四十，并请参看樊树志《国史概要》、(日)川本芳昭《中华的崩溃与扩大·魏晋南北朝》。

37 见《资治通鉴》卷一百五十三。

第三章

1 在位时间只有一年的是南齐海陵王萧昭文，两年的是刘宋前废帝刘子业、南齐郁林王萧昭业、南齐和帝萧宝融，三年的是宋武帝刘裕、宋少帝刘义符、宋顺帝刘准、梁简文帝萧纲、梁敬帝萧方智、陈武帝陈霸先、陈废帝陈伯宗，四年的是齐高帝萧道成、齐东昏侯萧宝卷、梁元帝萧绎，五年的是齐明帝萧鸾，六年的是刘宋后废帝刘昱，八年的是宋明帝刘彧、陈文帝陈蒨、陈后主陈叔宝，十二年的是宋孝武帝刘骏、齐武帝萧赜，十五年的是陈孝宣帝陈顼，三十年的是宋文帝刘义隆，四十八年的是梁武帝萧衍。以上数据根据杜建民《中国历代帝王世系年表》。

2 十三个死于非命的皇帝是：宋少帝刘义符，被权臣所杀；宋文帝刘义隆，被太子所杀；宋前废帝刘子业，被侍卫所杀；宋后废帝刘昱，被权臣所杀；宋顺帝刘准，被新皇帝所杀；齐郁林王萧昭业，被宗室所杀；齐海陵王萧昭文，被宗室所杀；齐东昏侯萧宝卷，被禁卫军所杀；齐和帝萧宝融，被新皇帝所杀；梁武帝萧衍，被叛兵软禁而死；梁简文帝萧纲，被叛兵所杀；梁元帝萧绎，被外敌所杀；梁敬帝萧方智，被新皇帝所杀。

3 这六个小皇帝是：宋前废帝刘子业，十七岁；宋后废帝刘昱，十五岁；宋顺帝刘准，十三岁；齐恭王萧昭文，十五岁；齐和帝萧宝融，十五岁；梁敬帝萧方智，十六岁。

4 见《陈书》之《后主纪》、《废帝纪》。

5 请参看周时奋《中国历史十一讲》。

6 见《魏书》目录。

7 见颜之推《颜氏家训》。另请参看樊树志《国史概要》、（日）川本芳昭《中华的崩溃与扩大·魏晋南北朝》。

8 请参看田余庆《秦汉魏晋史探微·北府兵始末》、（日）川本芳昭《中华的崩溃与扩大·魏晋南北朝》。

9 见《晋书·孙恩传》、《资治通鉴》卷一百一十一。当时，孙恩军中妇女溺杀婴儿时会说：祝贺你早登仙堂，我随后就来找你。可见孙恩军实为邪教组织和恐怖组织。

10 见《晋书·王凝之传》、《资治通鉴》卷一百一十一。

11 见《晋书·列女传》、《世说新语·贤媛》。

12 以上事见《宋书·武帝纪》，《晋书》之《桓玄传》、《刘牢之传》，《资治通鉴》卷一百一十二，观点请参看田余庆《秦汉魏晋史探微·北府兵始末》。

13 见《宋书·武帝纪》、《晋书·刘牢之传》、《资治通鉴》卷一百一十二。

14 关于京口的战略地位以及北府从广陵移镇京口的意义，请参看田余庆《秦汉魏晋史探微·北府兵始末》。

15 见《晋书》之《刘牢之传》、《刘敬宣传》。

16 见《宋书·武帝纪》、《晋书·何无忌传》、《资治通鉴》卷一百一十二。

17 据《晋书·安帝纪》，桓玄进入建康，杀执政司马元显等人，是在元兴元年（402）三月；兵败被杀，在元兴三年（404）五月。

18 据《晋书·安帝纪》，桓玄称帝，是在元兴二年（403）十二月二十九（壬辰）；刘裕起兵，则在次年二月二十三（乙卯）。

19 见《资治通鉴》卷一百一十三。

20 以上见《宋书·武帝纪》，《晋书》之《桓玄传》、《刘牢之传》、《刘毅传》、《何无忌传》，《资治通鉴》卷一百一十三。

21 见《晋书·赫连勃勃载记》、《魏书·崔浩传》、《资治通鉴》卷一百一十八。

22 见《宋书·傅亮传》、《晋书·恭帝纪》、《资治通鉴》

卷一百一十九。

23 见《晋书·恭帝纪》、《资治通鉴》卷一百一十九。

24 据《宋书·武三王传》，刘裕七子，长子少帝刘义符，次子庐陵王刘义真，三子宋文帝刘义隆。

25 见《宋书》之《徐羡之传》、《傅亮传》，《资治通鉴》卷一百一十九、一百二十。

26 见《宋书》之《文帝纪》、《徐湛之传》、《二凶传》，《资治通鉴》卷一百二十七。

27 据《宋书·文九王传》，文帝刘义隆十九子，长子刘劭，次子刘濬，三子刘骏。

28 见《宋书》之《孝武帝纪》、《二凶传》，《资治通鉴》卷一百二十七。

29 请参看钱穆《国史大纲》、傅乐成《中国通史》。

30 见《宋书·顺帝纪》、《南齐书·王敬则传》、《资治通鉴》卷一百三十五。

31 见《南齐书·和帝纪》、《资治通鉴》卷一百四十五。

32 见《梁书·武帝纪下》、《资治通鉴》卷一百六十二。

33 见《梁书·侯景传》、《南史·侯景传》、《资治通鉴》卷一百六十二。

34 见《梁书·萧正德传》、《南史·萧正德传》、《资治通鉴》卷一百六十二。

35 侯景起兵在太清二年八月戊戌，台城陷落在次年三月丁卯。

36 见《资治通鉴》卷一百六十二。

37 见《梁书》之《萧坚传》、《萧确传》，《资治通鉴》卷一百六十二。

38 见《梁书·武帝纪下》。

39 见《梁书·萧正德传》、《南史·萧正德传》、《资治通鉴》卷一百六十二。

40 见《梁书·柳仲礼传》、《资治通鉴》卷一百六十二。

41 请参看钱穆《国史大纲》、樊树志《国史概要》、（日）川本芳昭《中华的崩溃与扩大·魏晋南北朝》。

42 请参看范文澜《中国通史》、樊树志《国史概要》。

43 王复故事见颜之推《颜氏家训》。

44 见《南史·萧宏传》。

45 这个问题亦请参看钱穆《国史大纲》。

46 见《梁书·武帝纪下》，请参看（日）川本芳昭《中华的崩溃与扩大·魏晋南北朝》。

47 见《南史·萧宏传》。

48 见《资治通鉴》卷一百六十一。

第四章

1 关于中国不可能自发地产生资本主义，顾准先生有详尽而权威的论述，请参看顾准《资本的原始积累和资本主义发展》。

2 关于“文化”一词的本义，见刘向《说苑·指武篇》：“文化不改，然后加诛。”关于广义的道教，请参看卿希泰、唐大潮《道教史》。

3 见《三国志·乌丸鲜卑东夷传》裴松之注引《魏略·西戎传》。

4 见《后汉书·刘英传》、《魏书·释老志》。任继愈先生认为佛教传入中国的可靠时间是在西汉末年到东汉初年，可以采信。请参看任继愈主编《中国佛教史》。

5 与本书观点不同，许多学者认为道教是中国土生土长的宗教，它的创立没有受到佛教的影响，或者没有佛教的影响也会诞生。请参看任继愈主编《中国佛教史》，卿希泰、唐大潮《道教史》。

6 陶弘景所编《真诰》二十卷，就有抄袭佛教《四十二章经》的内容，请参看翦伯赞《中国史纲要》。

7 见《后汉书·刘英传》，《魏书·释老志》，《后汉书·襄楷传》。

8 东汉人对佛教的理解是：此道清虚，贵尚无为，好生恶杀，省欲去奢，完全是道家哲学的口气。请参看《后汉书·襄楷传》。

9 见《大智度论》卷八十五："唯佛一人智慧名阿耨多罗三藐三菩提（即无上正等正觉）。"

10 请参看黄心川《印度佛教哲学》，该文附录于任继愈主编《中国佛教史》第一卷。

11 以下关于佛图澄事迹，均见《晋书·佛图澄传》，并请参看《魏书·释老志》、《高僧传·佛图澄传》、《世说新语·言语四十五》及刘孝标注引《澄别传》、任继愈主编《中国佛教史》第二卷、《中国大百科全书·宗教卷》佛图澄条。

12 "和尚"是梵文"邬波驮耶"的不确切音译，也写作"和上"。上与尚都有崇高的意思，因此"和尚"也是意译。邬波驮耶在印度原为"师父"的俗称，中国佛教经典一般用于对佛教师长的尊称，后来变成对僧人的通称。

13 见《后汉书·方术传·左慈传》。

14 见《高僧传·佛图澄传》。

15 见《晋书·佛图澄传》。

16 请参看任继愈主编《中国佛教史》第二卷。

17 太平道的创立有两种说法。一种认为以于吉著《太平清领书》即《太平经》为标志，时间在顺帝时期；另一种认为以张角传教为标志，时间在灵帝时期。请参看任继愈主编《中国佛教史》，卿希泰、唐大潮《道教史》，《中国大百科全书·宗教卷》。

18 请参看卿希泰、唐大潮《道教史》。

19 以上见《魏书·释老志》。

20 请参看范文澜《中国通史》，卿希泰、唐大潮《道教史》，《中国大百科全书·宗教卷》寇谦之条。

21 见《魏书》之《世祖纪》、《释老志》，《资治通鉴》卷一百二十四。关于寇谦之建天师道场的时间，任继愈主编《宗教词典》称在424年，卿希泰、唐大潮《道教史》，《中国大百科全书·宗教卷》寇谦之条称在公元425年，《资治通鉴》无记载。

22 见《魏书·释老志》、《资治通鉴》卷一百二十四，并请参看任继愈主编《中国佛教史》、《中国大百科全书·宗教卷》。

23 见《魏书·崔浩传》。

24 见《魏书·释老志》。

25 见《魏书·宣武灵皇后胡氏传》。

26 见杨炫之《洛阳伽蓝记》，并请参看（日）川本芳昭《中华的崩溃与扩大·魏晋南北朝》。

27 南北朝时期北方佛教石窟约有二十多处，每处洞窟或数十，或上百，或上千，比较有名的还有克孜尔石窟、麦积山石窟等。

28 梁武帝舍身同泰寺的次数，《梁书·武帝纪》记为三次，《南史·梁本纪中》和《建康实录》记为四次，分别是公元527 年，529 年，546 年，547 年。

29 梁武帝要求群臣称自己为皇帝菩萨，见《魏书·萧衍传》。

30 见《南史·郭祖深传》。

31 梁武帝之前，中国佛教徒往往按照小乘佛教《十诵律》规定，允许吃“三种净肉”（即不为吃肉而故意杀生之肉）。梁武帝为了解决财政问题，按照大乘佛教主张禁止荤腥，此为中国佛教徒完全吃素之始。

32 见《晋书·佛图澄传》。

第五章

1 见《南史·陈本纪下》、《资治通鉴》卷一百七十七。

2 这两路大军是：贺若弼渡江攻下京口（今江苏镇江），韩擒虎渡江攻下姑孰（今安徽当涂），分兵夹击建康。

3 以上见《陈书·后主纪》、《南史·陈本纪下》、《资治通鉴》卷一百七十七。

4 见《陈书·后主纪》、《南史·陈本纪下》、《隋书·高颎传》，《资治通鉴》卷一百七十七。

5 秦始皇灭齐，在公元前221年；董卓入京，在公元189年；隋文帝灭陈，在公元589年；朱全忠灭唐，在公元907年。

6 请参看范文澜《中国通史》。

7 公元573年，陈宣帝伐北齐，江北诸郡次第克复。579年，北周攻克寿阳，又尽收陈江北之地。

8 见《南史·陈本纪下》。

9 见《隋书·高祖纪下》、《资治通鉴》卷一百七十六。

10 见《南史·孔范传》、《资治通鉴》卷一百七十六。

11 此曲也叫《后庭花》，传为陈叔宝填词，见郭茂倩《乐府诗集》。另《旧唐书·音乐志》称："陈将亡也，为《玉树后庭花》。"杜牧《泊秦淮》亦称："商女不知亡国恨，隔江犹唱后庭花。"

12 见《南史·陈本纪下》。

13 北周武帝宇文邕攻陷邺城是在建德六年（577）正月，去世是在建德七年（578）六月。

14 通向再统一的道路几乎重现了秦的轨迹，这是樊树志先生的观点。请参看樊树志《国史概要》。

15 请参看钱穆《国史大纲》。

16 比如《三国志·鲁肃传》裴松之的按语就说："刘备与权（孙权）并力，共拒中国（曹操控制的东汉政权），皆肃（鲁肃）之本谋。"

17 东汉光武帝定都洛阳在公元25 年，刘曜攻陷洛阳在311 年。

18 请参看钱穆《国史大纲》、周时奋《中国历史十一讲》。

19 比如刘渊始都平阳，刘曜又迁都长安；石勒始都襄国，石虎又迁都邺城；北魏都平城，后来又迁都洛阳。

20 公元604 年，隋炀帝弑父继位，定洛阳为东都。690 年，武则天自称圣神皇帝，改国号为周，迁都洛阳。

21 所引分别见《大学衍义补》卷一百五十六、刘禹锡《西塞山怀古》。

22 当时中华与中夏意思完全相同，如傅奕称"羌胡异类，寓居中夏"；杜坦告宋文帝"臣本中华高族……播迁凉土"。

23 关于罗马，请参看（英）韦尔斯《世界史纲》。

24 美国历史学家斯塔夫里阿诺斯也认为，罗马跟中国一样，前进到一定程度就再也不能前进了。请参看其所著《全球通史》。

25 请参看范文澜《中国通史》，翦伯赞《中国史纲要》，樊树志《国史概要》。

26 把刘裕称为“门阀政治的掘墓人”，是田余庆先生的观点，见田余庆《东晋门阀政治》。

27 见《南史·王华传》、《资治通鉴》卷一百二十。

28 颁布占田令，是在西晋太康元年（280），见樊树志《国史概要》；颁布占客令，是在东晋大兴四年（321），见翦伯赞《中国史纲要》。

29 如《三国志·邓艾传》即称：“吴名宗大族，皆有部曲，阻兵仗势。”《卫颍传》则称：“诸将各竞招怀，以为部曲。”又请参看翦伯赞《中国史纲要》。

30 请参看范文澜《中国通史》。

31 汉代地方官与僚属之关系有如君臣，见钱穆《国史大纲》。

32 请参看（日）川本芳昭《中华的崩溃与扩大·魏晋南北朝》及阎步克为该书所写推荐序。

33 史学家一般认为，南北朝社会阶层是四个。如傅乐成《中国通史》称四个阶层为世族、平民、部曲、奴隶，邹纪万《中国通史：魏晋南北朝史》称四个阶层为士人、编户齐民、依附人、奴婢。但这样的说法均无法体现出士庶之别，因此本书持五阶层说。

34 请参看钱穆《国史大纲》。

35《法学汇编》又译《法理汇要》；《法学总论》又译《法

学阶梯》，或称《法学家指南》；《法令新编》又译《新律》。

36 基督教会承认的罗马帝国“大帝”只有三个：君士坦丁、狄奥多西和查士丁尼，见（日）盐野七生《罗马人的故事》。

37 关于这段历史，西方史学家著述甚多，恕不一一列举。

38 查士丁尼生于公元482 年或483 年，死于565 年，527 年成为皇帝。

39 公元502 年，梁武帝制定雅乐；505 年，设立五馆；512 年，制成五礼。梁武帝的制礼作乐，让北方士族都感到羡慕。

40 周武帝遗诏则称：“将欲包举六合，混同文轨。”见《周书·武帝纪下》、《北史·周本纪下》。

41 奉行仁义、孝悌、忠信、礼让、廉平、俭约的儒家伦理是苏绰对宇文泰的建议。他的全部主张，是先治心、敦教化、尽地利、擢贤良、恤狱讼、均赋役，称为六条诏书，见《周书·苏绰传》。另据称，宇文泰曾这样评价宇文邕：“成吾志者，必此儿也。”见《周书·武帝纪上》、《北史·周本纪下》。

42 梁武帝的说法见其所著《舍事道法诏》，周武帝的说法见《周书·武帝纪上》，曾经以道教为最上则见《广弘明集》卷八《叙周武帝集道俗议灭佛法事》。同时请参看任继愈主编《中国佛教史》第三卷、范文澜《中国通史》第二册。

43 见《广弘明集》卷二十四《谏周祖沙汰僧表》，转引自任继愈主编《中国佛教史》第三卷。

44 见《周书·武帝纪上》。

45 见《大正藏》卷五十二。

46 见《广弘明集·辩惑篇》。

后记

1 请参看拙著《大话方言》。

2 见顾炎武《日知录》卷十三《南北学者之病》、鲁迅《北人与南人》。

3 见林语堂《北方与南方》。

附录

本卷大事年表

公元前 2 年（西汉哀帝元寿元年），大月氏使者向博士弟子景庐口授《浮屠经》。

公元 57 — 75 年（东汉明帝时期），楚王刘英崇尚浮屠，传说明帝派遣使者到印度寻求佛法。

125 — 144 年(东汉顺帝时期),张陵创天师道(五斗米道)，于吉创太平道。

189 年（东汉中平六年），董卓入京，天下大乱，分裂时代实际上开始。

220 年（曹魏黄初元年），曹丕代汉，魏始。

258 年（曹魏甘露三年），鲜卑拓跋部在阴山南麓的盛乐举行大会，开始定居于此。

265 年（曹魏咸熙二年，西晋泰始元年）十二月，魏元帝禅让，司马炎称帝，曹魏亡，西晋始。

304 年（西晋太安三年），氐族豪帅李雄称成都王，匈奴酋长刘渊称汉王，五胡十六国始。

306 年（光熙元年），李雄在成都称帝，国号成。

308 年（永嘉二年），刘渊称帝，次年迁都平阳。

310年（永嘉四年），刘渊卒，子刘聪立。拓跋酋长被晋封代公。佛图澄到洛阳传教。

311年（永嘉五年），匈奴汉国将领刘曜、石勒等人攻陷洛阳，掳晋怀帝司马炽。

314年（建兴二年），西平公汉人张轨卒，子张寔（读如实）继位，建立割据政权。

316年（建兴四年），刘曜攻陷长安，晋愍帝司马业出降，西晋亡。

318年（东晋太兴元年），司马睿即帝位，东晋始。刘聪卒，子刘粲继位，被杀，刘曜继位。

319年（太兴二年），刘曜改国号，史称“前赵”。

329年（咸和三年），石勒杀刘曜，前赵亡。

330年（咸和五年），羯人石勒称帝，史称“后赵”。石勒称帝之后，尊佛图澄为大和尚。

335年（咸康元年），罗马皇帝君士坦丁允许汪达尔人入居班诺尼亚（大部在今匈牙利和南斯拉夫境内）。

337年（咸康三年），鲜卑豪帅慕容皝（读如恍）称燕王，都龙城（今辽宁朝阳），史称“前燕”。

347年（永和三年），桓温伐蜀，李势投降，成汉亡。

350年（永和六年），后赵皇帝石虎养子汉人冉闵篡位称帝，国号魏，史称“冉魏”。

351年（永和七年），后赵亡。氐族豪帅苻健自称天王大单于，都长安，国号大秦，史称“前秦”。

352年（永和八年），冉魏亡。燕王慕容儁称帝，都邺，史称“前燕”。同年苻健称帝。

370年（太和五年），前秦大破燕军，前燕亡。

374年（宁康二年），匈奴人越过伏尔加河，日耳曼蛮族诸部开始大举入侵罗马帝国，欧洲民族大迁徙。

376年（宁康四年），前秦伐前凉，前凉亡。之后，前秦又伐鲜卑拓跋部所建之代国，代亡。至此，中国的北方完全由前秦统一。同年，西哥特人渡过了多瑙河，因不堪罗马人的压迫掀起大暴动。

378年（太元三年），亚得里亚堡战役，罗马皇帝瓦伦斯兵败被杀。

383年（太元八年），秦晋淝水之战。

384年（太元九年），前秦苻坚部将鲜卑人慕容垂自称燕王，史称“后燕”。慕容泓称济北王，史称“西燕”。羌人姚苌称秦王，史称“后秦”。

385年（太元十年），姚苌擒杀苻坚。前秦部将鲜卑人乞伏国仁建国，史称“西秦”。氐帅杨定自立为公，称藩于晋，史称“仇池”。

386年（太元十一年），鲜卑酋长拓跋珪在牛川（今呼和浩特）称王建国，史称“北魏”。后秦王姚苌入据长安称帝。氐族人吕光建国，史称“后凉”。

392年（太元十七年），基督教成为罗马国教。

394年（太元十九年），西秦灭前秦，前秦亡。后燕灭西燕，西燕亡。

395年（太元二十年），罗马帝国分裂。

397年（隆安元年），鲜卑秃发乌孤称王建国，史称“南凉”。后凉匈奴豪帅沮渠蒙逊建国，史称“北凉”。

398年（隆安二年）十月，后燕慕容德称王建国，史称“南燕”。七月，北魏迁都平城（今山西大同）。十二月，拓跋珪称帝。

399年（隆安三年），孙恩乱起。法显赴印度求佛经。

400年（隆安四年），西秦王降后秦，西秦亡。北凉敦煌太守李暠（皓的异体字）建国，史称“西凉”。盎格鲁人、撒克逊人和朱特人开始入侵不列颠岛。

402年（元兴元年），桓玄之乱起，孙恩兵败自杀。

403年（元兴二年），南凉、北凉攻后凉，后凉举国降后秦，后凉亡。晋安帝被逼禅让，桓玄称帝，国号楚。

404年（元兴三年），刘裕讨桓玄，桓玄兵败被杀。

405年（元兴四年，义熙元年），谯纵叛晋称王，据成都，史称“西蜀”。西凉迁都酒泉，以逼北凉。

406年（义熙二年），南凉迁都姑臧（甘肃武威）。

407年(义熙三年),后秦将军匈奴人赫连勃勃叛后秦称王，国号夏，史称“胡夏”。后燕天王慕容熙被杀，后燕亡。高云为燕帝，史称“北燕”。

410年（义熙六年），南燕亡。西哥特人攻陷罗马。

413年（义熙九年），刘裕遣军攻西蜀，西蜀亡。

414年（义熙十年），西秦攻南凉，南凉亡。

417年（义熙十三年），东晋攻后秦，后秦亡。

418年（义熙十四年），东晋封刘裕为宋公，刘裕毒杀晋安帝司马德宗，立其弟司马德文，是为晋恭帝。

419年（元熙元年），西哥特王国建立。

420年（东晋元熙二年，刘宋永初元年）东晋亡。刘裕称帝，国号宋，史称“刘宋”。南朝开始。法兰克人开始定居于高卢，勃艮第人开始定居于罗讷河流域。

421年（永初二年），北凉攻西凉，西凉亡。

422年（永初三年），武帝刘裕卒，少帝刘义符继位。

423年（景平元年），北魏明元帝拓跋嗣卒，子太武帝拓跋焘继位。

424年（景平二年），刘宋少帝被废杀，宣都王刘义隆继位，是为宋文帝。寇谦之在北魏平城建天师道场，称新天师道，也称北天师道。

429年（元嘉六年），汪达尔人进入北非。

431年(元嘉八年),胡夏攻西秦,西秦亡。吐谷浑击胡夏,胡夏亡。

436年（元嘉十三年），北魏攻北燕，北燕亡。

439年（刘宋元嘉十六年，北魏太延五年），北魏攻北凉，北凉亡。五胡十六国时代终，南北朝时代始。汪达尔人在迦太基的故址上建国。

442年（刘宋元嘉十九年，北魏太平真君三年）正月，北魏太武帝拓跋焘亲至道坛接受符箓。

443年（刘宋元嘉二十年，北魏太平真君四年），匈奴王阿提拉（上帝之鞭）兵进君士坦丁堡。

444年（刘宋元嘉二十一年，北魏太平真君五年），北魏开始禁佛教，为“三武灭佛”之一，亦为中国佛教史上第一次大法难。

446年（刘宋元嘉二十三年，北魏太平真君七年），北魏太武帝下诏烧毁所有佛像经书，坑杀老少僧人，佛教几乎遭遇灭顶之灾。

450年（刘宋元嘉二十七年，北魏太平真君十一年），北魏太武帝拓跋焘杀崔浩。刘宋伐北魏。阿提拉率军五十万越莱茵河入侵高卢，抵奥尔良城。

451年（刘宋元嘉二十八年，北魏太平真君十二年），沙隆战役，匈奴人与罗马、西哥特和法兰克联军激战，双方投入总兵力计百万之众。

452年（刘宋元嘉二十九年，北魏正平二年，承平元年，兴安元年），北魏内乱，太武帝被杀，皇太孙拓跋濬继位，是为文成帝。

453年（刘宋元嘉三十年，北魏兴安二年），刘宋皇太子刘劭弑父，宋文帝卒。武陵王刘骏称帝，是为孝武帝。孝武帝杀刘劭。阿提拉卒，匈奴帝国瓦解。

455年（刘宋孝建二年，北魏兴光二年），汪达尔人攻陷罗马城，大掠十四日。

464年（刘宋大明八年，北魏和平五年），刘宋孝武帝卒，子刘子业继位。

465年（刘宋永光元年，景和元年，泰始元年，北魏和平六年），北魏文成帝拓跋濬卒，献文帝拓跋弘继位。南朝宋帝刘子业暴戾被杀，湘东王刘彧继位，是为宋明帝。

466年（刘宋泰始二年，北魏天安元年），北魏冯太后发动宫廷政变，掌握政权。

471年（刘宋泰始七年，北魏皇兴五年，延兴元年），北魏献文帝拓跋弘让位，子拓跋宏继位，是为孝文帝。

472年（刘宋泰豫元年，北魏延兴二年），宋明帝刘彧卒，子刘昱继位。

476年（刘宋元徽四年，北魏承明元年），北魏献文皇帝卒，冯太后以太皇太后名义临朝称制，开始政治改革。日耳曼雇佣军废西罗马帝国末帝，西罗马帝国亡。

477年（刘宋元徽五年，升明元年，北魏太和元年），南朝刘昱暴戾被杀，弟刘准立，是为顺帝。

479年（刘宋升明三年，南齐建元元年，北魏太和三年），刘宋封萧道成齐王，萧道成逼宋顺帝禅让，南朝刘宋亡。萧道成称帝，是为高帝。国号齐，史称“南齐”。

482年（南齐建元四年，北魏太和六年），南齐高帝萧道成卒，子萧赜继位，是为武帝。

490年（南齐永明八年，北魏太和十四年），北魏冯太后卒，孝文帝拓跋宏亲政。

493年（南齐永明十一年，北魏太和十七年），南齐昭明太子卒，齐武帝萧赜卒，子萧昭业继位。东哥特人攻陷罗马城，建立东哥特王国。

494年（南齐隆昌元年，延兴元年，建武元年，北魏太和十八年），南齐内乱，齐明帝萧鸾立。北魏孝文帝拓跋宏正式迁都洛阳。

496年（南齐建武三年，北魏太和二十年），北魏孝文帝拓跋宏下诏改姓。

498年（南齐建武五年，永泰元年，北魏太和二十二年），齐明帝萧鸾卒，子萧宝卷继位。

499年（南齐永元元年，北魏太和二十三年），北魏孝文帝拓跋宏卒，子宣武帝继位。

501年（南齐永元三年，中兴元年，北魏景明二年），萧衍立萧宝融为帝，是为齐和帝。萧宝卷被杀。

502年（南齐中兴二年，南梁天监元年，北魏景明三年），南齐封萧衍为梁王。萧衍逼和帝让位，南齐亡。萧衍称帝，是为武帝，国号梁，史称“南梁”。

506年（南梁天监五年，北魏正始三年），仇池亡。

509年（南梁天监八年，北魏水平三年），北魏崇佛。

515年（南梁天监十四年，北魏延昌四年），北魏胡太后临朝称制。

527年（南梁普通八年，大通元年，北魏孝昌三年），梁武帝第一次舍身同泰寺。菩提达摩到广州。

528年（南梁大通二年，北魏孝昌四年，武泰元年，建义元年，永安元年），尔朱荣杀胡太后，北魏大乱。

529年（南梁大通三年，中大通元年，北魏永安二年），梁武帝第二次舍身同泰寺。东罗马帝国《民法大全》完成。

534年（南梁中大通六年，北魏永熙三年），北魏孝武帝自洛阳西奔长安，高欢另立皇帝，自洛阳迁都邺城（今河北临漳），史称“东魏”。汪达尔王国被东罗马帝国征服，汪达尔人逐渐与当地居民融合。

535年（南梁大同元年），北魏宇文泰立魏文帝，史称“西魏”。北魏正式分裂。

546年（南梁大同十二年，中大同元年），梁武帝第三次舍身同泰寺。

547年（南梁中大同二年，太清元年），梁武帝第四次舍身同泰寺。

548年（南梁太清二年），侯景之乱起。

549年（南梁太清三年），三月，侯景攻陷台城，梁武帝任其为大丞相。五月，梁武帝惨死，子萧纲继位，是为简文帝。

550年(南梁大宝元年),东魏亡。高欢子高洋称帝,国号齐,史称“北齐”。南梁封侯景为汉王。北齐和西魏分别封萧纶和萧詧为梁王。

551年（南梁大宝二年），侯景废杀梁简文帝萧纲，又废萧栋，自立为帝，国号汉。

552年（南梁承圣元年），侯景之乱止。

556年（南梁绍泰二年，太平元年），西魏亡。

557年（南梁太平二年），宇文觉称天王，国号周，史称“北周”。南梁敬帝让位于陈霸先，陈霸先称帝，国号陈。

574年（陈太建六年），北周武帝宇文邕禁佛教，为“三武灭佛”之二，亦为中国佛教史上第二次大法难。

577年（陈太建九年），北周攻陷北齐首都邺城，北齐亡，北周统一北方。

578年（陈太建十年，北周建德七年），北周武帝宇文邕卒，北周开始陷入混乱。

581年（陈太建十三年，隋开皇元年），北周静帝让位于隋王杨坚，北周亡。杨坚称帝，是为文帝，国号隋。

582年（陈太建十四年，隋开皇二年），陈宣帝卒，子陈叔宝继位，是为陈后主。

583年（陈至德元年，隋开皇三年），隋文帝迁都大兴（在今陕西西安）。

589年（陈祯明三年，隋开皇九年），陈亡，隋统一中国，南北朝时代终。

关注“易中天”微信公众号，
看易中天评古论今，让思想文化更适合当代人。

易中天中华史：南朝，北朝

产品经理 | 贺彦军
出版统筹 | 吴 畏
学术顾问 | 陈 勤
编辑顾问 | 赵南荣
法律顾问 | 黄荣楠

装帧设计 | Mirro
插图绘制 | 方佳翮
高文婧
何 姝
范佳倩

内文设计 | 谈 天
后期制作 | 白咏明
特约印制 | 梁拥军
策 划 人 | 路金波

易中天中华史

第一部 [先秦] 01——06 卷

01 祖先　02 国家　03 奠基者　04 青春志　05 从春秋到战国　06 百家争鸣

第二部 [秦汉魏晋南北朝] 07——12 卷

07 秦并天下　08 汉武的帝国　09 两汉两罗马　10 三国纪　11 魏晋风度　12 南朝，北朝

第三部 [隋唐] 13——16 卷

13 隋唐定局　14 禅宗兴起　15 女皇武则天　16 安史之乱

第四部 [宋元] 17——20 卷

17 大宋革新　18 王安石变法　19 风流南宋　20 铁血蒙元

第五部 [明清] 21——24 卷

21 朱明王朝　22 严嵩与张居正　23 大航海时代　24 命运和选择

图书在版编目（CIP）数据

南朝，北朝 / 易中天著 . -- 杭州 ：浙江文艺出版社，2016.3（2021.11 重印）
（易中天中华史）
ISBN 978-7-5339-4394-3

Ⅰ . ①南… Ⅱ . ①易… Ⅲ . ①中国历史—研究—南北朝时代 Ⅳ . ① K239.07

中国版本图书馆 CIP 数据核字（2015）第 308104 号

易中天中华史
南朝，北朝
易中天 著

责任编辑 金荣良
装帧设计 朱镜霖
插　　画 方佳翮　何　姝　高文婧　范佳倩

出版发行 浙江文艺出版社
地　　址 杭州市体育场路 347 号　　邮编 310006
网　　址 www.zjwycbs.cn
经　　销 浙江省新华书店集团有限公司
　　　　 果麦文化传媒股份有限公司
印　　刷 河北鹏润印刷有限公司
开　　本 890 毫米 ×1280 毫米　1/32
字　　数 127 千字
印　　张 7.25
印　　数 295,801-315,800
版　　次 2016 年 3 月第 1 版
印　　次 2021 年 11 月第 35 次印刷
书　　号 ISBN 978-7-5339-4394-3
定　　价 45.00 元